Franziska Seyboldt
**RATTATATAM,
MEIN HERZ**

Franziska Seyboldt

RATTATATAM, MEIN HERZ

Vom Leben mit der Angst

Kiepenheuer & Witsch

Verlag Kiepenheuer & Witsch, FSC® N001512

2. Auflage 2018

© 2018, Verlag Kiepenheuer & Witsch, Köln
Alle Rechte vorbehalten. Kein Teil des Werkes darf in irgendeiner Form
(durch Fotografie, Mikrofilm oder ein anderes Verfahren)
ohne schriftliche Genehmigung des Verlages reproduziert oder
unter Verwendung elektronischer Systeme verarbeitet, vervielfältigt
oder verbreitet werden.
Umschlaggestaltung Barbara Thoben, Köln
Foto der Autorin © Linda Rosa Saal
Gesetzt aus der Adobe Caslon Pro und der Gotham
Satz Buch-Werkstatt GmbH, Bad Aibling
Druck und Bindung CPI books GmbH, Leck
ISBN 978-3-462-05047-9

Es ist, wie es ist.

1

Ich war zwölf Jahre alt, als die Welt, in der ich bisher zu Hause war, verschwand. Gerade noch hatte ich auf der Liege im Behandlungszimmer gesessen, mit baumelnden Beinen und angemessenem Desinteresse an den Worten, die meine Mutter mit der Ärztin wechselte, ich hatte an meine Freundinnen gedacht, die in diesem Moment auf dem Schwebebalken balancierten, und mich geärgert. Geräteturnen mochte ich besonders gern, und dann verpasste ich auch noch eine Doppelstunde. Außerdem schien draußen die Sonne.

Im schattigen Zimmer hatte die Ärztin mit der Untersuchung begonnen, sie hatte geklopft und gehört und getastet und mir schließlich mit einem kleinen Gerät ins Ohr geleuchtet. Der Trichter hatte die Härchen in meinem Gehörgang gekitzelt und sich falsch angefühlt, so falsch; wie ein paar Jahre zuvor der Finger einer anderen Ärztin, den sie mir in den Po gesteckt hatte, um herauszufinden, warum ich Bauchschmerzen hatte. Danach hatte ich mich übergeben.

Jetzt schwoll ein Rauschen in meinen Ohren an, wie die schnell heranrollenden Wellen an der Atlantikküste, die ich aus dem Urlaub kannte, sie schwappten eiskalt über meine Extremitäten, während gleichzeitig eine Sonne in meinem Magen durch den Rumpf nach oben strahlte und meinen Nacken verbrannte. Schwarze Punkte lösten sich aus der Gestalt der Ärztin und begannen, vor meinen Augen zu tanzen, sie hakten sich bei anderen Punkten unter und bildeten eine Reihe von Funkenmariechen, die unablässig auf und ab hüpften, bis ich die Augen schloss und mich ergab. Wem ergab ich mich? Ich wusste es nicht. Ich war weg und doch da, wilde Träume zackten durch mein Bewusstsein, alles war laut und schnell und spitz und dauerte Milliarden von Jahren.

Hallo?

Hallo, kannst du mich hören?

Als ich wieder aufwachte, pfiff das Meer seine Wellen zurück, die Ebbe machte Platz für eine matte Stille, die sich zu dem Schweiß auf meinen Körper legte. Die Funkenmariechen stoben seitwärts. Im Meer spiegelte sich verschwommen ein Gesicht, das ich nicht kannte.

Wo bin ich?

Hier, du bist hier. Du warst ohnmächtig.

Jemand hob meine Beine an und schob etwas darunter. Jemand brachte Wasser, ich trank. Jemand legte seine kühle Hand auf meine Stirn. Da war meine Mutter, da die Ärztin, da das Fenster. Draußen schien die Sonne.

Alles war wieder wie vorher.

Nichts war wieder wie vorher.

2

Fünfzehn Minuten später kippte ich ein zweites Mal um.

Die Ärztin hatte uns zuvor erklärt, dass so etwas schon mal vorkomme, gerade bei jungen Mädchen im Wachstum, außerdem sitze im Ohr der Gleichgewichtssinn und der sei eben empfindlich. Kein Grund zur Sorge. Dann hatte sie uns nach nebenan geschickt, weil sie für den Allergietest, aufgrund dessen wir eigentlich da waren, eine Blutprobe brauchte. Im Nebenzimmer wies mich eine ruppige Sprechstundenhilfe an, mein Oberteil hochzuziehen, ich blickte auf das Durcheinander an medizinischen Geräten und Arzneifläschchen in Umzugskisten, das genauso aussah, wie ich mich fühlte, und während ich mich noch fragte, warum die Ruppige keine Spritze in der Hand hatte und meinen Arm desinfizierte, sondern eine Stelle an meinem oberen Rücken, rammte sie mir einen metallischen Spatel in den Nacken.

Meine Mutter fing mich geistesgegenwärtig auf und verhinderte Schlimmeres. Später erzählte sie mir, sie sei genauso überrascht gewesen wie ich, da die Ärztin nicht erwähnt hatte, dass sie für den Allergietest Blut brauchte, das mit Lymphflüssigkeit versetzt ist.

Als ich wieder zu mir kam, lag ich auf einem Papierbezug, der an meinem entblößten Rücken kratzte. Am Fußende der Liege stand eine Gestalt, deren schemenhafte Umrisse mir vage bekannt vorkamen, doch erst als sie anfing zu sprechen, erkannte ich, um wen es sich handelte.

»Du machst Sachen«, sagte die Angst und hob eine Augenbraue. »Muss ich mir Sorgen machen?«

Ich wischte eine Träne weg, die sich aus meinem Augenwinkel gelöst hatte und Anstalten machte, über meine Wange zu rollen. Die Angst setzte sich rittlings auf die Liege und schaute sich um.

»Was ist das hier überhaupt für ein Zimmer? Ich dachte, Sperrmüll ist erst nächste Woche.«

Ich unterdrückte ein Kichern. Die Angst sagte

immer solche Erwachsenensachen, die mir nicht im Traum eingefallen wären. Wobei, eingefallen schon, aber ich hätte mich niemals getraut, sie auszusprechen, vor allem, da die Sprechstundenhilfe noch im Raum war. Der Angst war das egal. Ihr ging es nur darum, mich zu beschützen, und dass sie hier war, bedeutete: Die Lage war ernst.

»Hör mir jetzt mal gut zu«, sagte die Angst. »Diese Ärztin ist nichts für dich.« Sie beugte sich zu mir und sprach eindringlicher. »Am besten gehst du überhaupt nie wieder zum Arzt.«

»Warum denn?«

»Weil das wieder passieren wird. Spürst du die Kreppauflage unter dir? Jedes Mal, wenn du in Zukunft eine rascheln hörst, wird dir aufs Neue schwummrig werden. Jedes Mal, wenn du ein Otoskop auch nur von Weitem siehst, wird dein Herz anfangen zu klopfen. Und dann: bumm!«

»Was ist ein Otoskop?«

Die Angst formte mit Daumen und Zeigefinger eine Pistole.

»Das Ding, mit dem dir die Ärztin ins Ohr geleuchtet hat.«

Dann strich sie mir übers Bein und lächelte.

»Versprich mir einfach, dass du dich von Ärzten fernhältst.«

Ich versprach es.

Als ich später in der Schule meine Entschuldigung vorzeigte, schaute die Sportlehrerin vorwurfsvoll auf ihre Armbanduhr.

»Warum hat das denn so lange gedauert?«

Weil ich etwas zum ersten Mal erlebt habe, wollte ich sagen, etwas Schreckliches. Weil meine Welt eine andere geworden ist. Der Einfachheit halber, und da die Stunde gleich zu Ende war, beschränkte ich mich jedoch auf den ebenso wahren Satz: »Ich bin umgekippt.«

Die Lehrerin musterte mich gründlich. Dann blies sie in ihre Trillerpfeife, winkte die anderen Mädchen Richtung Umkleide und sagte fast beiläufig, schon im Umdrehen begriffen: »Also in *meiner* Familie ist noch nie jemand in Ohnmacht gefallen.«

Obwohl ich das Wort Stigmatisierung damals noch nicht kannte, bekam ich zum ersten Mal eine Ahnung, wie sie sich anfühlt.

3

An guten Tagen wache ich auf und bin eine Schildkröte. Dann spaziere ich bepanzert bis an die Zähne durch die Straßen und verrichte gemächlich mein Tagewerk, Tunnelblick an und los, im Bauch ein Gefühl wie Hühnerfrikassee: warm, weich und muskatig. An diesen Tagen kann mir niemand was. Zu dick die Haut, zu hart die Hornschilde. Der Panzer ist die Verkörperung der Warentrenner an der Supermarktkasse, ein natürlicher Abstandhalter zwischen mir und dem Rest der Welt. Meins, deins. Und nein, ich bezahle nicht für die Probleme der Person, die hinter mir in der Schlange steht. Manchmal glaube ich, dass die Mehrheit der Menschen keinen anderen Zustand kennt. Die dicken, alten Männer im Fernsehen, die selbstsicher auftretenden Politiker, die immer lachende Verkäuferin im Gemüseladen: lauter zufriedene Schildkröten.

An schlechten Tagen wache ich auf und bin ein Sieb. Geräusche, Gerüche, Farben, Stimmungen und Menschen plätschern durch mich hindurch wie Nudelwasser, ihre Stärke bleibt an mir kleben und hinterlässt einen Film, der auch unter der Dusche nicht abgeht. An diesen Tagen ist alles zu laut, zu nah, zu präsent. Diesen Zustand als dünnhäutig zu bezeichnen wäre untertrieben, denn da ist keine Haut; sie hat sich über Nacht abgeschält, und die Organe liegen blank und pochen vor sich hin. Als Sieb ist immer Tag der offenen Tür. Herzlich willkommen, treten Sie ein und treten Sie zu, die Fassade bröckelt schon. Dazu kommt das Gefühl, die Welt um mich herum sei unwirklich, oder ich bin es, jedenfalls passen wir nicht zusammen, und ich taumele durch den Tag, immer auf der Suche nach etwas, woran ich mich festhalten kann. Depersonalisation heißt das im Fachjargon, aber das hilft einem dann auch nicht weiter.

Manchmal gibt es ein paar Schildkrötentage am Stück, manchmal dehnen sie sich aus zu Schildkrötenwochen, manchmal zu Schildkrötenmonaten. Aber irgendwann wird der Panzer wieder porös. Meistens, wenn ich nicht damit rechne.

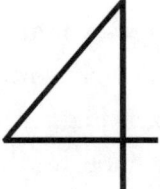

Ich hatte auch nicht damit gerechnet, später ständig in Konferenzen rumzusitzen. Als ich mir eine Zukunft als Autorin oder Journalistin ausmale, finde ich besonders die Idee attraktiv, in Ruhe an Sätzen zu feilen, die andere Leute später in Ruhe lesen. Das Papier als Überbringer meiner Gedanken, als zwischengeschaltetes Element. Klar will ich auch rausgehen, Menschen treffen, aber die Texte danach an meinem Schreibtisch verfassen, in meiner Komfortzone, mit Musik auf den Ohren und den Füßen im Trockenen.

Stattdessen sind meine Füße meistens nasskalt, als ich beginne, in der Onlineredaktion der *taz* zu arbeiten.

Ich bin regelmäßig Chefin vom Dienst, das bedeutet: Seite planen, Überblick behalten, Nachrichten einordnen. Und in die Morgenkonferenz gehen, um dort den anderen Chefs vom Dienst die Themen des Tages vorzutragen. Die meisten sind deutlich älter als ich – mit 24 Jahren bin ich die Jüngste im ganzen Haus –, teilweise schon seit Gründung der *taz* dabei und wahnsinnig selbstsicher. Es gibt eine ausgeprägte Diskussionskultur und eine Lust am Streiten, die mir fremd ist. Manchmal kommt es mir vor, als würde nur etwas gesagt, um etwas zu sagen, eine Art tierisches Aufplustern: Hallo, ich bin auch da!

Ich hingegen will eigentlich gar nicht hier sein. Anstatt mich zu beteiligen, sitze ich in der zweiten Reihe und beobachte meine Kolleginnen und Kollegen: im Nacken verschränkte Arme, wippende Schuhspitzen, Kritzeleien in der Zeitung, spöttische Blicke, Münder, die gähnen, Münder, die reden, Münder, die von Barthaaren umsäumt sind; ich schließe die Augen und versuche, an der Stimme zu erkennen, wer gerade spricht, Trefferquote: zehn von zehn. Meine Aufmerksamkeit ist ein ungezogenes Hündchen, das überall sein Bein hebt, nur nicht da, wo es soll. Kaum zurückgepfiffen, büxt es wieder aus. Vielleicht eine Art Überforderung, wie früher in der Schule. Keine Ahnung von Geometrie, aber das Nasolabialfaltentrapez des Mathelehrers mit geschlossenen Augen karikieren können. Am Ende läuft es jedenfalls immer darauf hinaus, dass die anderen über Inhalte diskutieren, während ich ihre Mimik und Gestik studiere. Ich sehe zwar, wie sich ihre Münder bewegen, aber ich höre nicht, was sie sagen.

Natürlich gehe ich davon aus, dass alle so genau hinschauen wie ich. Man schließt ja dumpfdoof immer von sich auf andere, als Sozialphobiker erst recht. Und das bedeutet: Meine Performance muss stimmen. Jeder Versprecher, jedes Zittern der Hände, jedes noch so flüchtige Erröten wird sonst von den Kollegen notiert und fließt in die Bewertung meiner Person ein. Setzen, sechs.

Dass ich in der Konferenz immer als Letzte an der Reihe bin, verschlimmert die Situation zusätzlich. Nervosität ist eine Pflanze, die schnell und stetig wächst, und eine Stunde ist lang. Genug Zeit, um sie zu wässern und zu düngen, sodass sie neue Blätter ausbildet und ihre Knospen aufknallen, eine nach der anderen: Poff, poff, poff.

Wenn ich dann endlich meine lächerlichen drei Sätze aufsage, hört kaum mehr einer zu. Schließlich müssen Seiten gebaut werden! Und ich denke jedes Mal: War doch gar nicht so schlimm. Aber das denkt sich leicht, wenn es vorbei ist.

Ab und zu versuche ich Freunden zu erklären, was mit mir los ist. »Du hast eben Lampenfieber«, sagen sie. »Das hat jeder. Kein Grund zur Sorge.«

Nein, widerspreche ich, das ist es nicht. Oder – nicht nur.

»Was denn noch?«, fragen die Freunde.

Und ich sage: »Ich habe Angst, in Ohnmacht zu fallen.«

Ich sage das in einer Art Schutzhaltung, mit eingezogenem Kopf, nur darauf wartend, dass eine große Verständnislosigkeit über mir zusammenbricht. Was sie auch jedes Mal tut.

»Aber warum sollte das passieren?«, fragen die Freunde.

Andersherum gefragt: Warum nicht?

Als die Französischlehrerin uns auftrug, ein Referat über ein Buch unserer Wahl zu halten, wusste ich sofort, dass ich mich für »Der Schaum der Tage« von Boris Vian entscheiden würde. Schon der fünfte Satz war eine Offenbarung: »Colin legte den Kamm hin, griff zur Nagelschere und schnitt die Ränder seiner schlaffen Augenlider schräg, um seinem Blick Geheimnis zu verleihen.« Genau mein Humor.

Mit realistischen Beschreibungen von medizinischen Vorgängen hatte ich seit dem Zwischenfall bei der Ärztin zwar große Probleme, da genau das eingetroffen war, was die Angst prophezeit hatte – sie katapultierten mich direkt wieder zurück in den Behandlungsraum und lösten Schwindel und Herzrasen aus, egal, ob jemand davon erzählte, ich einen Film sah oder in einem Buch darüber las –, aber der Surrealismus war meine Rettung. Eine Parallelwelt, in der kein Tumor in der Lunge wuchert, sondern eine Seerose, in der eine Maus eine Katze um Sterbehilfe bittet und von jeder Seite eine Sonne in die Wohnung scheint. Zu abstrakt, als dass ich mich ernsthaft in die Situation hineinversetzen könnte.

Das Referat sollte eine halbe Stunde dauern und war entscheidend für die Note im Zeugnis, also bereitete ich mich gründlich vor. Ich besorgte mir das Stück »Chloe« von Duke Ellington, das Vian zu seiner weiblichen Hauptfigur inspiriert hatte und das ich zu Beginn spielen wollte, recherchierte über den Zusammenhang zwischen Jazz und Literatur und sprühte nur so vor Kreativität. Keinesfalls wollte ich einen dieser langweiligen Vorträge halten, in denen einfach uninspiriert die Handlung des Buches wiedergegeben wird. Das hatte Boris Vian nicht verdient, und, wie ich fand, meine Mitschülerinnen und Mitschüler auch nicht.

An einem Mittwoch war es schließlich so weit. Während ich vor dem Lehrerpult stand und aus den Lautsprechern die verfremdete Posaune des

Intros von »Chloe« ertönte, whaaaaaa-whaa-wha-wha-whaa, ließ ich meinen Blick durch das Klassenzimmer schweifen. Was ich sah, war allerdings nicht das, was ich erwartet hatte. Desinteressierte Blicke, auf Reclamhefte kritzelnde Hände, kichernde und tuschelnde Lippen. Die Lehrerin saß mit verschränkten Armen auf der Heizung, als würde sie auf etwas warten.

Vielleicht war das der Zeitpunkt, an dem ich versagte. Anstatt mein Programm einfach durchzuziehen, mit der Selbstsicherheit eines Kabarettisten, der genau weiß, dass er die Zuhörer irgendwann knackt, ließ ich mich verunsichern. Ich blendete die Musik früher aus als geplant und begann mit meinem Vortrag. Im Zimmer wurde es ruhig.

Als ich gerade die ersten zehn Minuten hinter mich gebracht hatte, öffnete sich schwungvoll die Tür und knallte gegen die Wand. Die Angst schlenderte herein, den Rucksack nachlässig über eine Schulter geworfen. Sie winkte mir zu und setzte sich in die letzte Reihe. Ich zwinkerte ein paarmal kräftig. Bisher hatte sich die Angst noch nie für die Schule interessiert. Vielleicht war das dieser Surrealismus.

Ich schaute auf die Karteikarten, die in meinen Händen zitterten, und versuchte, den verlorenen Faden wieder aufzunehmen. Die Schrift verschwamm vor meinen Augen, ich hörte, wie jemand etwas sagte, konnte aber nicht verstehen, was. Meine Achselhöhlen kribbelten. Um Halt zu gewinnen, setzte ich mich auf das Lehrerpult und fuhr mit meinem Vortrag fort.

Nach einigen Minuten schnipste jemand mit den Fingern. Ich unterbrach meinen Satz und sah, wie die Angst aufstand.

»Ich habe eine Frage«, sagte sie.

»Jetzt nicht«, sagte ich. »Fragen erst am Ende des Referats.«

»Es ist aber wichtig!«, rief die Angst.

Die Lehrerin rutschte auf der Heizung herum.

»Ist alles okay bei dir?«, fragte sie.

Ich nickte und zischte in Richtung der Angst:

»Dann schieß los.«

»Ich wollte wissen«, sagte die Angst, »ob es dir nicht peinlich ist, so aufgeregt zu sein.«

Ich konnte es nicht fassen. Anstatt mich zu unterstützen, fing die Angst plötzlich an, mich zu sabotieren. So kannte ich sie gar nicht.

»Sag mal, was stimmt nicht mit dir? Ich habe eben Lampenfieber. Das ist ganz normal.«

»Tja«, sagte die Angst, »das denke ich nicht. Überleg doch mal. Der Schwindel, die kalten Hände, das Herzklopfen ...«

Ich horchte in mich hinein.

»... wie damals bei der Ärztin, stimmt's?«

Die Angst fixierte mich.

»Auf was willst du hinaus?«, fragte ich. Kalter Schweiß bildete sich über meiner Oberlippe.

»Einmal ist zweimal. Du könntest jederzeit wieder umkippen.«

Die Angst beugte sich nach vorn und stützte ihre Hände auf den Tisch.

»Und was sollen dann deine Klassenkameraden denken?«

Der Schwindel wurde stärker. Was, wenn die Angst recht hatte? Auf meinen Körper war kein Verlass, das hatte der Arztbesuch deutlich gezeigt. Vielleicht war das, was ich hier gerade fühlte, wirklich kein Lampenfieber, sondern eine feindliche Übernahme. Ein Angriff auf mein Bewusstsein. Eine drohende Ohnmacht.

Das Referat beendete ich wie im Traum, ohne

zu wissen, was ich gerade erzählte. Es sollte nicht das letzte Mal sein.

Während das Lampenfieber echt ist und mich in der Gegenwart festhält – schließlich habe ich wirklich feuchte Hände, Herzklopfen und einen trockenen Mund –, ist die Ohnmacht eine dystopische Zukunftsvision, sozusagen der Worst Case, der dann doch nie eintrifft. Gefühlt befinde ich mich jedoch ständig kurz vor dem Knock-out.

Ich bin bereits ein Jahr lang Redakteurin, und meine Nervosität in der Morgenkonferenz hat nicht etwa abgenommen, sondern sich noch gesteigert. Sie hat mich sogar labiler gemacht als anfangs, was all die gut gemeinten Ratschläge der Freunde – »Das vergeht, je öfter du in der Situation bist« – als Lügen enttarnt. Es hilft offenbar nicht, eine Situation immer und immer wieder zu erleben, um sich an sie zu gewöhnen.

Und dann kommt der Tag, an dem ich kapituliere. Vielleicht habe ich in der Nacht zu wenig geschlafen, vielleicht ist die Luft stickiger als sonst, vielleicht kommen auch mehrere Dinge zusammen, ich weiß es nicht. Was ich genau weiß: Ich halte es kaum aus auf meinem Stuhl. Während die anderen dafür kämpfen, dass ihr Thema auf die prominente Seite drei kommt, sitze ich auf meinen nassen Händen, um mich am Weglaufen zu hindern. Mein Schädel wummert, als würde jemand einen Massagestab dagegenhalten, mein Blut kocht, meine Achseln kribbeln. Alles ist in Aufruhr.

Angstschweiß stinkt übrigens immer, trotz Deo. Er riecht viel beißender als der Schweiß an einem heißen Tag oder beim Sport, vielleicht, um den Angreifer auch olfaktorisch in die Flucht zu schlagen. Was einigermaßen sinnlos ist, wenn sich der Angreifer in meinem Kopf befindet.

Als mein Sitznachbar das Wort ergreift, als sei dieser Ausdruck nur für ihn erfunden worden – er nimmt sich beinahe physisch den ihm ganz selbstverständlich zustehenden Raum –, sind alle Blicke auf ihn gerichtet. Fast alle. Ich sitze ja direkt daneben, im augenwinkligen Sichtfeld, und ich spüre sie auch. Wenn ich jetzt also umkippte, wenn die

Ohnmacht jetzt von mir Besitz ergriffe, hätte ich die volle Aufmerksamkeit der Anwesenden. Was die Ohnmachtsgefühle noch verstärkt.

Wenn, wenn, wenn.

Ich stelle mir vor, vom Stuhl zu rutschen und –

Falsch: Mein Gehirn stellt sich vor. Ich bin daran nicht wirklich beteiligt, an den Kapriolen meiner Synapsen, an den Purzelbäumen meiner Gedankenstränge; was auch immer da in meinem Kopf passiert, passiert ohne mein Zutun. Das ist ja das Schlimme. Keine Kontrolle, nirgends.

Mein Gehirn stellt sich also vor, dass ich vom Stuhl rutsche, auf den Boden knalle und weg bin, aber das ist noch nicht alles, denn die Steigerung ist das Zurückkommen, und das gestaltet sich nicht etwa sanft gleitend, sondern eher als ruckartiges Hineinkatapultieren in die Wirklichkeit. Sämtliche Kolleginnen und Kollegen stünden mit besorgten Gesichtern in einem Halbkreis über mir, und das in einer Situation, in der man vollkommen ausgeliefert ist, hilfloser als ein Baby, da man nicht einmal weiß, wer man ist und wo.

Danach Getuschel im Treppenhaus: »Was war denn mit *der* los?« Das will ich um jeden Preis vermeiden. Also bloß weg hier, raus, schnell. Ich täusche einen Hustenanfall vor und laufe aus dem Raum, auf dem Weg mehrfach nachdrücklich hustend, um später nicht der Fahnenflucht bezichtigt zu werden. Als würde das jemanden interessieren. Am Waschbecken im Toilettenraum lasse ich mir eiskaltes Wasser über die Unterarme laufen und schaue in den Spiegel: Da ist die Angst, aber da bin auch ich, seltsam konturlos und verschwommen, und eine filmreife Überblendung macht es unmöglich, uns auseinanderzuhalten.

Zum ersten Mal habe ich meinen Einsatz verpasst. Zum ersten Mal bin ich aus der Situation geflüchtet, die mir Angst macht. Ich brauche Hilfe. Oder ich muss kündigen.

Meine erste Therapiestunde habe ich bei Hannibal Lecter. Da er der Einzige ist, bei dem ich ohne dreijährige Wartezeit einen Termin bekomme, ignoriere ich sein nicht gerade vertrauensbildendes Aussehen. Mein Leidensdruck ist hoch. Und nachdem ich mich endlich dazu entschlossen habe, eine Therapie zu machen, will ich das jetzt auch durchziehen.

Ich habe mich im Nachhinein oft gefragt, warum ich erst so spät professionelle Hilfe gesucht habe. Mein Umfeld ist aufgeschlossen und tolerant, niemand hätte mich deshalb verurteilt. Ein paar Freunde hatten selbst schon eine Therapie hinter sich, andere studierten Psychologie. Was hatte ich also zu befürchten? Die Antwort ist: Wer eine Therapie macht, gesteht sich ein, dass er ein Problem hat. Vorher konnte ich die ganze Sache wunderbar runterspielen, vor allem vor mir selbst. Okay, ich habe da diesen Angstscheiß, Psychokram halt, aber jeder hat ja irgendwas. Und dann wird die Sache plötzlich zu einer Diagnose.

Wie schlimm es um mich steht, wird mir erst so richtig bewusst, als ich meine Hausaufgaben mache. Nach der ersten Sitzung habe ich auf Empfehlung von Hannibal Lecter das Buch »Endlich frei von Angst« gekauft. Ein klassischer Ratgeber, der bereits auf dem Cover damit wirbt, dass sich die Lektüre lohnen wird: Denkmuster erkennen. Aktiv trainieren. Selbstvertrauen gewinnen. Im Buch gibt es einen Test, dessen Fragen ich bis zum nächsten Termin beantworten soll. Fühlen Sie sich wegen Ihrer Angst minderwertig? Fürchten Sie, dass Sie verrückt werden? Ich vergebe mal einen Punkt, mal fünf. Ergebnis: schwere Angststörung. »Sie werden von Ihrer Angst ziemlich stark eingeschränkt«, heißt es in der Auswertung. »Ganz zu Recht haben Sie das Gefühl, dass Sie unbedingt etwas unternehmen sollten.« Was ich ja bereits tue, den zweiten Dienstag in Folge.

Die Sache hat nur einen Haken. Das mit Hannibal Lecter und mir funktioniert nicht. In meiner

Vorstellung muss ein guter Therapeut zugewandt, empathisch und nicht urteilend sein. Hannibal Lecter ist das komplette Gegenteil. Ich habe nicht das Gefühl, dass er mich und meine Probleme ernst nimmt, es kommt mir sogar vor, als würde ich ab und zu den Anflug eines verächtlich gekrümmten Mundwinkels erkennen. Wenn gerade die Person, der man sein Innerstes offenbart, so kühl reagiert, ist das keine besonders gute Basis für eine Therapeuten-Patienten-Beziehung. Dass Hannibal Lecter bisher nicht versucht hat, mich zu essen, ist auch nur ein schwacher Trost.

Außerdem hadere ich mit der Vorgehensweise der kognitiven Verhaltenstherapie. Obwohl zahlreiche Studien belegen, dass sie bei Angstpatienten im Vergleich zu anderen Therapieformen besonders schnell wirkt und die höchste Erfolgsquote hat, finde ich sie merkwürdig abstrakt. Die Theorie ist klar: Unser Gehirn hat seit der Kindheit bestimmte Denkmuster erlernt. Je öfter wir sie wiederholen, desto ausgetretener werden die Pfade. Man kann sich das vorstellen wie eine Strecke im Wald, auf der man jeden Tag joggen geht. Mit den Jahren tritt sich die weiche Erde fest, und man wird automatisch immer diesen Weg nehmen, weil er am leichtesten zu sehen ist und man bequem darauf laufen kann. Umlernen bedeutet, sich durchs Dickicht zu kämpfen und neue Pfade einzuschlagen, und zwar immer wieder, denn bis diese genauso ausgetreten sind, dauert es eine Weile.

Trotzdem ist es wie früher im Chemieunterricht. Die ganzen Formeln und Herleitungen hören sich erst mal logisch und meistens auch nachvollziehbar an, aber sobald ich versuche, sie wirklich zu verstehen, quasi auf emotionaler Ebene, passiert überhaupt nichts. In der Verhaltenstherapie werden all meine komplizierten Gefühle auf irgendwelche Prozesse im Gehirn reduziert, die sich durch regelmäßiges Training verändern lassen. Kopf kaputt, üben, üben, üben, Kopf wieder heil. Das ist mir zu einfach und zu medizinisch, das hat so gar nichts mit mir und meinem Leben zu tun.

In der dritten Sitzung notiert Hannibal Lecter akribisch meinen Tagesablauf, vom Aufstehen bis zur Konferenz. Dann muss ich eine Entspannungsübung machen und er liest vor, was auf dem Zettel steht: In die Küche gehen. Kaffee machen. Anziehen. Zur Arbeit fahren. Bei dieser Trockenübung – im Fachjargon: systematische Desensibilisierung – soll ich mir die Situationen so lebhaft vorstellen, dass die gleichen Gefühle ausgelöst werden wie in der Realität. Ich fühle: nichts. Genauso wenig, wie ich mich auf Knopfdruck entspannen kann, kann ich die Angst einfach so herbeizaubern. Sie hat schließlich auch noch andere Verpflichtungen. Außerdem arbeitet sich mein Gehirn lieber an der Einrichtung der Praxis ab und versucht, sich an die Handlung von »Das Schweigen der Lämmer« zu erinnern.

In der vierten Stunde schlägt Hannibal Lecter vor, dass ich in der Redaktionskonferenz sage, wie es mir geht. Genauso gut hätte er verlangen können, dass ich oben ohne meine Themen vortrage. Er glaubt doch nicht ernsthaft, dass ich mein über die Jahre perfektioniertes Bild als toughe, fröhliche Kollegin vorsätzlich selbst demontiere?

»Es wirkt immer sympathisch, wenn man Schwäche zeigt«, sagt er.

Nur will ich eben genau das um jeden Preis vermeiden.

Es kommt mir sehr entgegen, dass er mich außerdem für genesen hält und mir mitteilt, er könne nichts mehr für mich tun. Womit er vermutlich recht hat. Nicht nur, weil er etwas Unvorstellbares verlangt. Sondern auch, weil es mir nicht reicht, in einer therapeutischen Praxis an einem künstlichen Angstzustand zu arbeiten und zu scheitern. Ich will verstehen, warum die Angst von meinem Freund zu meinem Feind wurde.

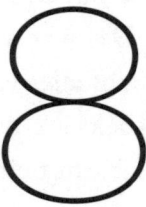

Als ich sieben war, starben meine Eltern. Es war nicht das erste Mal, und es würde noch häufiger passieren. Meistens verunglückten sie mit dem Auto. Die Polizisten, die vor der Tür standen, sagten: »Es tut uns leid.« Und: »Ja, beide.« Und: »Es ging ganz schnell.« Bei der Beerdigung waren ausschließlich alte Damen mit spitzenbesetzten Taschentüchern anwesend, die mir übers Haar strichen und sich gegenseitig zuflüsterten: »Das arme Mädchen. Jetzt ist es ganz allein.« Spätestens an dieser Stelle war ich von dem Drama, das ich selbst produziert hatte, so mitgerissen, dass mir die Tränen kamen.

Manchmal ließ ich meine Eltern auch mit dem Flugzeug abstürzen oder von einem tödlichen Virus hinwegraffen. In einer weiteren Variante starb nur meine Mutter, und zusätzlich zu meiner eigenen Trauer war ich auch noch mit der meines Vaters konfrontiert. Das war das nächsthöhere Level: Ich hatte zwar nicht alles verloren, aber musste fortan mit einem Rucksack durchs Leben gehen, der nicht nur mit Selbstmitleid, sondern auch mit Mitgefühl beladen war.

Schon damals hatte ich die Angewohnheit, Gefühle anzuprobieren wie Kleider. Und oft genug guckte aus dem Spiegel die Angst zurück.

Sie sagte: »Du musst lernen, mit jeder Situation umgehen zu können, dann gibt es keine bösen Überraschungen mehr.«

Und ich übte fleißig. Zeit dafür hatte ich schließlich genug, ohne Fernseher, Internet und Geschwister. Außerdem litt ich an einer chronischen Bronchitis, die mich alle drei Wochen ans Bett fesselte und mir den Atem verschlug. Während ich Schulausflüge, Ballettaufführungen und Geburtstagsfeiern verpasste, saß die Angst auf meinem Brustkorb, betrachtete mich besorgt und hantierte mit ihrem Stethoskop.

Das Spiel, das wir uns zum Zeitvertreib ausgedacht hatten, hieß »Was wäre, wenn?«, und ich brauchte dafür nichts außer meiner Fantasie. Was wäre, wenn mein Vater wirklich den Job in einer anderen Stadt bekäme und wir umziehen müssten? Wie wäre es, in eine neue Schule zu kommen, mit lauter Kindern, die ich nicht kannte? Würden sie mich mögen? Was wäre, wenn ich über Nacht reich würde? Würde ich mir ein Pferd kaufen oder ein Haus? Oder beides? Und eben, regelmäßig: Was wäre, wenn meine Eltern sterben? Wie würde ich klarkommen? Und wer würde sich um mich kümmern, wenn ich krank war?

Auf eine merkwürdige Art war es befriedigend, immer wieder alle Eventualitäten durchzuspielen, um für jede Situation gewappnet zu sein. Als würde ich ein mentales Kampftraining absolvieren. Selbstverteidigung der Synapsen, schwarzer Gürtel. Wenn ich erst wieder am richtigen Leben teilnehmen würde, so stellte ich mir vor, könnte mir nichts mehr passieren. Auch später, als Erwachsene. Selbst bei einem hochdramatischen Ereignis, das alle anderen um mich herum schockiert zurückließe, würde ich nur lässig abwinken, meine Sonnenbrille wieder auf die Nase schieben und sagen: »Hab ich alles schon mal gesehen.« Und dann einen Cocktail trinken.

So weit zur Theorie. In der Praxis war ich heilfroh, wenn ich wieder gesund war, und nutzte die Zeit, um das zu tun, was Kinder eben so tun: auf Bäume klettern, Räuber und Gendarm spielen, meine beste Freundin treffen. Entgegen den Erwartungen, die man an eine Angstpatientin oftmals hat, war ich kein ängstliches Kind (und bin auch keine besonders ängstliche Erwachsene), jedenfalls nicht im geläufigen Sinn des Wortes, das ja meistens in der vom Duden aufgelisteten Bedeutung »von Angst erfüllt« oder »leicht Angst empfindend« verwendet wird. Die zweite Bedeutung trifft es vielleicht eher: »sehr sorgsam, peinlich genau«. Ich war durchaus vorsichtiger als die meisten anderen Kinder in meinem Alter und machte mir verhältnismäßig viele Gedanken, vor allem über die Konsequenzen meiner Handlungen.

Beispielsweise ging ich, wenn ich wütend war, ruhig und gefasst zu meiner Schreibtischschublade, öffnete sie und holte die Schachtel hervor, in der ich alte Stifte sammelte. Dann setzte ich mich an meinen Tisch, entfernte den Deckel der Schachtel, nahm einen Stift nach dem anderen heraus und zerbrach ihn. Die Stifte, die danach noch groß genug waren, legte ich wieder zurück – ökologisch korrekte Zweitverwertung –, die anderen sortierte ich aus. Ein derart kontrolliertes Ausrasten tat niemandem weh, außer mir selbst, wenn ich nicht aufpasste.

Unterdrückte Wut, heißt es oft, sei der Ursprung von Angst. Aber was hätte ich schon tun können? Die Angst war da, seit ich denken konnte, und außerdem wurde sie nicht müde, mir sehr überzeugend ihr Mantra vorzubeten: »Wenn du deine Wut offen zeigst, nimmt dich niemand ernst. Du musst lernen, dich zu kontrollieren. Nur dann wirst du unangreifbar.«

Und wenn es eins gab, das ich wollte, dann das.

Die Praxis von Dr. Goldberg liegt im Erdgeschoss eines feudalen Wohnhauses. Weiße Jugendstilelemente heben sich von der pastellgelb verputzten Fassade ab, die Balkone sind sorgfältig bepflanzt, und immer steht gerade ein Paketbote vor der Haustür, wenn ich mein Fahrrad abschließe. Die Menschen, die unter den Kastanienbäumen entlangflanieren, sehen aus, als hätten sie ihr Leben im Griff, nur das messingfarbene Schild an der Hauswand weist dezent darauf hin, dass das ein Trugschluss sein könnte. *Dr. Goldberg, Facharzt für Psychiatrie und Psychotherapie.*

Manchmal, wenn ich ein bisschen früher dran bin, setze ich mich auf die Bank gegenüber und warte, bis sich die Haustür öffnet. Dann wette ich mit mir selber, ob die Person ein Anwohner ist oder ein Patient. Die Frau mit den gepflegten Haaren und den Stöckelschuhen: Anwohnerin. Der Mann mit der Cargohose und den weiß bestäubten Turnschuhen: Bauarbeiter. Der schlaksige Typ mit dem Kapuzenpulli und den braunen Augen: Patient.

Ich erfahre nie, ob ich die Wette gewinne. Das Zeitfenster zwischen den Terminen ist so bemessen, dass ich keine anderen Patienten treffe, weder vor meiner Stunde noch danach. Dadurch fühlt es sich an, als würde Dr. Goldberg immer nur auf mich warten, und obwohl ich weiß, dass die Realität anders aussieht, ist es ein schönes Gefühl. Mein Termin, mein Montagabend, mein Therapeut.

Nach der unerfreulichen Episode mit Hannibal Lecter waren ein paar Monate vergangen, in denen im Großen und Ganzen alles so weitergelaufen war wie zuvor. Arbeit. Alltag. Angst. Die Therapie hatte nicht bewirkt, dass ich mich besser fühlte, eher im Gegenteil. Womöglich war ich ja tatsächlich unheilbar, hatte ich einige Male gedacht, und Hannibal Lecter war in Wahrheit ein super Typ. Schließlich hatte ich mich jedoch aufgerafft und einen zweiten Versuch unternommen, abseits der Verhaltenstherapie. Dieses Mal wollte ich in die Tiefe gehen. So tief wie die Psychoanalyse dann allerdings doch nicht, also entschied ich mich für den Mittelweg: tiefenpsychologisch fundierte Psychotherapie. Einer der drei Therapeuten, denen ich auf den Anrufbeantworter gesprochen hatte, rief nie zurück. Der zweite verwies auf seine Warteliste, worüber ich froh war, denn seine Stimme war mir sofort unsympathisch. Der dritte war Dr. Goldberg.

Er hörte sich nicht nur nett an, sondern hatte sogar einen freien Platz. Mittlerweile weiß ich, dass ich großes Glück hatte. Einerseits, weil die meisten Menschen sehr lange warten müssen, bis sie therapeutische Hilfe bekommen, auch dann, wenn es ihnen so schlecht geht, dass sie dringend welche benötigen. Andererseits, weil ich mich endlich nicht mehr auf meine Angst reduziert fühlte. Bei Dr. Goldberg war ich ein Mensch mit einer Angststörung. Bei Hannibal Lecter eine Angststörung mit einem lästigen menschlichen Anhängsel.

Kurz vor meinem ersten Termin bei Dr. Goldberg hätte ich dennoch am liebsten gekniffen und stattdessen eine Stunde im Massagesalon auf der gegenüberliegenden Straßenseite verbracht, der auf einer Tafel mit »Entspannung für Laib und Seele« warb. Irgendjemand hatte das »e« in »Leib« weggewischt und durch ein »a« ersetzt, vielleicht der Bäckereifachverkäufer von nebenan auf dem Weg zu seinem Brotjob, gerädert vom Aufstehen um fünf Uhr früh am dritten Tag in Folge. Trotz – oder gerade wegen – meiner bisherigen Erfahrungen bei Hannibal Lecter war ich davon überzeugt, dass man für Wellness in die Sauna oder zur Massage geht, nicht zur Therapie. Wenn das Leben schon eine Baustelle war, wie alle behaupteten, dann war Therapie quasi Dubai, eine laute und anstrengende Megacity, in der an allen Ecken und Enden Löcher gegraben und Wolkenkratzer hochgezogen werden, und mittendrin der Seelenklempner, der mit einem überdimensionierten Kreuzschlitzdreher die Schrauben, die locker sind, wieder anzieht. So was tut weh, deshalb steht auch immer eine Packung Kleenex auf dem Tisch.

Es sollte sich herausstellen, dass ich mich irrte. Abgesehen von den Taschentüchern.

Dr. Goldberg hatte einen festen Händedruck, ein freundliches, offenes Gesicht und war etwas kleiner als ich. Er sah genauso aus, wie man sich einen Dr. Goldberg vorstellt, nur dass er im echten Leben anders heißt. Im Zimmer gab es ein Ledersofa mit fünf Zierkissen, einen Sessel und eine Glasvitrine, an der Wand drängten sich Schwarz-Weiß-Bilder zu einer Petersburger Hängung aneinander, deren Modellen man ansah, dass sie sich extra herausgeputzt hatten, bevor sie zum Fotografen gegangen waren. Dr. Goldberg bedeutete mir mit einer Handbewegung, Platz zu nehmen. Ich setzte mich auf die Couch. Natürlich setzte ich mich auf die Couch. Ich war schließlich beim Therapeuten.

Manchmal frage ich mich, ob andere Patienten ganz selbstverständlich auf dem Sessel Platz nehmen und ob Dr. Goldberg dann genau wie ich mit den Zierkissen auf dem Sofa spielt, während er spricht. Wovon würde er erzählen? Von Kindern? Sorgen? Sehnsüchten? Ich weiß kaum etwas über Dr. Goldberg, und trotzdem gebe ich alles von mir preis. Ein Dilemma: Einerseits bin ich neugierig, was sich hinter der Maske des Therapeuten verbirgt, andererseits bin ich ganz froh, nichts zu wissen. Vermutlich würde ich sonst automatisch bestimmte Themen vermeiden und andere hervorkehren, auf gewisse Signale achten und Lebensumstände berücksichtigen. So geht es ausnahmsweise mal nur um mich. Und trotzdem profitieren auch andere davon, denn der Luxus, einmal pro Woche eine Stunde lang nur über mich zu reden, hat einen erfreulichen Nebeneffekt: Ich bürde meinen Freunden weniger Gefühlschaos auf. Für meine Probleme ist der Montagabend vorgesehen, und demjenigen, der mir zuhört, bin ich nichts schuldig. Er bekommt sogar Geld dafür.

Nachdem Dr. Goldberg viele Fragen gestellt und mir erklärt hatte, wie er vorgehen würde, legte er ein weißes Blatt und Buntstifte auf den Couchtisch und bat mich, einen Baum zu malen. Er verriet nicht, was der Zweck dieser Übung war, aber mir war klar, dass er das Bild danach analysieren würde. Damit kriegte er mich sofort – ich liebe schnelle Ergebnisse. Und Psychotests. Ich zeichnete dicke Wurzeln, ein Astloch und eine üppige Krone, in der acht Kirschenpaare symmetrisch angeordnet waren, außerdem eine stilisierte Wiese. Der Baum, erklärte Dr. Goldberg, während er mein Werk begutachtete, symbolisiere meine Persönlichkeit. Er freute sich über die sichtbaren

Wurzeln – »Ein gutes Zeichen! Sie stehen trotz aller Widrigkeiten fest im Leben« – und die vielen Kirschen, hielt sich aber mit weiteren Analysen zurück und verstaute das Bild in meiner Akte. (Vor einiger Zeit holten wir die Zeichnung noch einmal hervor und staunten darüber, dass die Wiese nicht nur aussieht wie die Aufzeichnung eines Herzschlags, sondern auch wie das Cover dieses Buches.)

In den folgenden Stunden malte ich nicht mehr. Wir sprachen über alles, was mich beschäftigte. Die Angst, klar. Aber auch meine Kindheit. Meine Zukunftssorgen. Beziehungsprobleme. Und mit der Zeit bemerkte ich verwundert, dass selbst Themen, die vordergründig nichts mit der Angst zu tun hatten, immer wieder auf sie zurückführten. Die erste war vielleicht gleichzeitig die wichtigste Lektion, die ich über die Angst lernte: Sie war nicht nur da, wenn ich sie gerade spürte. Damit, wie ich mich insgesamt im Leben verhielt, beschwor ich sie immer wieder aufs Neue hervor.

10

Die Angst und ich sind auf dem Spielplatz und wippen. Es ist das einzige Gerät, das uns beiden Spaß macht, im Gegensatz zur Kletterwand (ist mir zu hoch) und der Schaukel (ist der Angst zu langweilig).

»Wer hat dich eigentlich so verkorkst?«, fragt die Angst. Diplomatie ist nicht so ihr Ding.

»Na, du.«

»Kann gar nicht sein!«

Sie stößt sich mit beiden Beinen gleichzeitig vom Boden ab.

»Warum nicht?«

»Ist doch klar: Wenn du normal wärst, wär ich gar nicht da.«

»Moment mal. Was soll das heißen?«

Ich stoppe die Wippe, indem ich mich nach hinten lehne. Die Angst thront hoch oben wie ein

Cowboy auf seinem Pferd. Entspannte Zügelführung, Sonne im Rücken, wehendes Haar; fehlt nur noch, dass sie an einem Grashalm herumkaut. Sie ist übertrieben lässig. Dazu dieser selbstsichere Ausdruck um den Mund, der bei mir reflexhaft Argwohn auslöst. Kann man so jemandem trauen? Nein.

»Symptom und Ursache. Schon mal gehört?«

»Gib nicht so an. Natürlich.«

Die Angst beugt sich nach vorne.

»Wenn ein Bankräuber ins Gefängnis kommt, ist dann die Polizei schuld?«

Ich zucke mit den Schultern.

»Schätze schon.«

»Ha!«, triumphiert die Angst. »Falsch. Der Bankräuber ist selbst schuld. Hätte er nicht die Bank ausgeraubt, hätte ihn die Polizei nicht geschnappt. Und jetzt lass mich wieder runter. Hopp, hopp.«

Wir wippen weiter.

»Das ist ein beschissenes Beispiel für Ursache und Symptom.«

»Aber wahr.«

»Du willst also damit sagen, dass ich dich quasi gerufen habe?«

»Vielleicht. Oder jemand anderes.«

»Geht es ein bisschen konkreter?«

»Nö.«

»Okay. Dann mach *ich* jetzt mal ne klare Ansage. Hau ab.«

»Entschuldige?«

Die Angst schaut ehrlich erschrocken, aber sie ist so durchtrieben, dass ich ihr das nicht abkaufe.

»Du hast schon richtig gehört. Du sollst dich verpissen. Jemand hat dich herbestellt, du bist gekommen, jetzt geh bitte wieder. Tschüssi.«

»So läuft das aber nicht.«

»Ach nein? Und warum nicht?«

»Na, ganz einfach. Weil wir zusammengehören.«

»Ich kann mich nicht erinnern, dass ich dieser Beziehung jemals zugestimmt habe.«

»Musstest du nicht. Ich weiß doch, was du denkst.«

»Offenbar nicht.«

»Okay«, sagt die Angst. »Ich erklär dir jetzt mal was. Siehst du diese Wippe hier? Die symbolisiert nicht weniger als dein Leben.«

»Ach du meine Güte. Kommt jetzt wieder so ein weit hergeholter Vergleich?«

»Eigentlich ist er total naheliegend. Manchmal bist du oben ...«, sie stößt sich ab, »... und manchmal unten.«

»Alles klar, kleiner Prinz.«

»Wenn du das albern findest, dann versuch doch mal, alleine zu wippen.«

Die Angst hüpft von ihrem Sitz, der in die Höhe schnellt. Ich pralle unsanft auf dem Boden auf.

»Aua!«

»Siehst du?« Sie zieht ihre Seite nach unten und steigt wieder auf.

»Aber es gibt natürlich nicht nur oben und unten, schwarz und weiß, gut und böse.« Die Angst erhebt dozierend den Zeigefinger, während sie durch die Luft fliegt. »Viel wichtiger sind die Zwischentöne.«

»Die da wären?«

»Der Weg dorthin. Wenn es bei dir abwärtsgeht, beförderst du mich nach oben. Capisci?«

»Ist es nicht vielleicht eher so, dass du mich runterziehst, wenn es bei mir aufwärtsgeht?«

»Puh, ja, wer war zuerst da, das Huhn oder das Ei? Laaaaangweilig. Fakt ist, dass wir aufeinander reagieren. Denk mal drüber nach.«

Wir wippen einige Male schweigend auf und ab.

»Kann schon sein, dass du recht hast«, sage ich. »Aber dass du alles immer so umständlich erklären musst, nervt total.«

»So bin ich eben«, sagt die Angst und pfeift die ersten Takte von *I am what I am*. »Wäre doch langweilig, wenn ich dir jede Erkenntnis auf dem Silbertablett servieren würde. Dann hättest du ja gar nichts mehr zu tun.«

»Gott, wäre das schön.«

»Apropos Silbertablett: Was essen wir gleich mal?«

»Beim Bäcker gab's heute Dinkel-Seelen im Angebot.«

Die Angst fixiert mich.

»Den Witz machst du jetzt nicht wirklich.«

»Keine Ahnung, was du meinst. Komm, wir gehen.«

Während die Angst hinter mir hertrottet, höre ich, wie sie vor sich hin murmelt: »Dabei mag ich gar keine Seelen. Ich will Pommes.«

11

Während ich Carrie zuschaute, wie sie aufgelöst im Taxi zu Mr. Big fährt, berührte jemand meine Schulter. Ich lag träge auf dem gepolsterten Behandlungsstuhl, Füße nach oben, Kopf nach unten. Nachdem mein Kommilitone von seiner Zahnärztin erzählt hatte, bei der man während der Behandlung über eine 3-D-Virtual-Reality-Videobrille Serien gucken kann, hatte ich sofort einen Termin vereinbart. »Sex and the City« statt Bohrer, Speichelsauger und Spritzen, das klang verlockend. Seither ging ich gern zum Zahnarzt. Aber jetzt wollte Dr. Herzog was von mir. Unwillig nahm ich die Brille ab und den Stöpsel aus dem Ohr.

»Schauen Sie mal, da«, sagte Dr. Herzog und steckte mir mit perfekt manikürten Fingern einen Spiegel in den Mund. »An den Schneidekanten. Sehen Sie das?«

Ich betrachtete meine Zähne und mein flatterndes Gaumensegel in Nahaufnahme. Carrie war irgendwie schöner.

»Nicht wirklich.«

»Da ist ein deutlicher Abrieb zu sehen.«

»Heißt …?«

»Sie knirschen mit den Zähnen.«

»Das wüsste ich aber!«

Dr. Herzog zog ihre perfekt geschminkten Lippen zu einem perfekten Lächeln über ihre perfekten weißen Zähne. Mein Kumpel Jens, der seit meiner Empfehlung ebenfalls ihr Patient war, behauptete, selbst ihre Brüste seien perfekt. Die drücke sie ihm nämlich immer ins Gesicht, während sie in seinem Mund herumstocherte. Absichtlich.

»Nicht unbedingt«, erklärte Dr. Herzog. »Die meisten Leute knirschen nachts mit den Zähnen. Hat das noch nie jemand bemerkt?«

Normalerweise war ich diejenige, die wach lag, weil die Person neben mir schnarchte.

»Und was kann man da tun?«

»Wir machen jetzt erst mal einen Abdruck. Dann fertigen wir eine Schiene an, die Sie in Zukunft nachts einsetzen.«

»Moment. Jede Nacht?«

»Ja, unbedingt.«

Mit Grauen erinnerte ich mich an den jahrelangen Kampf mit meiner Zahnspange und an die Erleichterung, als ich sie endlich los war. Das war gerade mal sechs Jahre her.

»Und dann hört das Zähneknirschen auf?«

»Nein. Die Schiene ist nur dafür da, damit nicht noch mehr Zahnschmelz kaputtgeht.«

»Aha. Und wie kriegen wir das dann in den Griff?«

Dr. Herzog strich rosafarbene Masse in ein Hufeisen und rammte es mir in den Mund. Ich würgte.

»Schön durch die Nase atmen. Ich stelle Ihnen ein Rezept für Physiotherapie aus. Machen Sie Sport? Nein? Wäre aber gut. Und ich rate Ihnen zu autogenem Training. Die Ursache von Zähneknirschen ist nämlich meistens Stress.«

Stress?

»Kann gar nicht sein. Ich bin Studentin, nicht Vorstandsvorsitzende. Klar gibt es stressige Lernphasen, aber grundsätzlich genieße ich das Leben und bin superentspannt«, hätte ich gerne gesagt, aber weil man mit vollem Mund nicht spricht, machte ich nur: »Nghrrr.«

Zu Hause klappte ich meinen Laptop auf. Es musste einen anderen Grund geben als einen psychischen, und ich würde ihn finden! Eine Dreiviertelstunde später wusste ich, dass der Fachbegriff für Zähneknirschen Bruxismus heißt, jeder Fünfte davon betroffen ist und der Kaumuskel, der stärkste Muskel des Körpers, beim nächtlichen Zähneknirschen einen Druck von über 100 Kilogramm aufbaut. Ich googelte »100 Kilo« und stieß auf einen Artikel über einen Zoo, in dem die Geburt eines Elefanten verkündet wurde. Von wegen ich machte keinen Sport – ich stemmte nachts Elefantenbabys! Für einen kurzen Moment fühlte ich mich extrem stark. Dann wurde mir klar, dass ich genau deshalb morgens immer so gerädert war. Während andere Menschen knallfit aufwachten und im Laufe des Tages an Substanz verloren, war es bei mir andersherum. Ich stand auf, alles klein und verknorpelt, die Gelenke knackten, der Kopf steckte fest, bis ich mich am späten Nachmittag schließlich schmetterlingslarvengleich entpuppte und meine Flügel ausbreitete, glatt gebügelt und schwerelos. Wenn andere Menschen müde wurden, drehte ich erst so richtig auf. Ich war, wenn man so will, Origami rückwärts.

Welche Folgen das hatte, wusste Google natürlich auch: Zahnschmerzen, kaputte Kiefergelenke, starke muskuläre Verspannungen, Kopfschmerzen, Tinnitus. Daher also das Sausen und Fiepen in meinem linken Ohr. Die Ursache für Bruxismus war allerdings wirklich, und da war sich ausnahmsweise mal das ganze Internet einig: Stress. Zumindest, wenn körperliche Ursachen ausgeschlossen waren, etwa zu hohe Füllungen, ein schief ineinandergreifendes Gebiss oder Krankheiten des Kiefers.

Die Beißschiene, die neben meinem Laptop lag, lächelte plastiziös. Ich schnipste mit den Fingern dagegen, sodass sie über den Tisch sauste und auf der anderen Seite runterfiel. Dann googelte ich »Beißschiene Material öko?«.

Am nächsten Morgen wachte ich mit einem Plastikgeschmack im Mund auf und hätte die Schiene am liebsten direkt in kochendes Wasser geschmissen, um sie zu desinfizieren. War aber verboten.

Während ich sie unter fließendem Wasser abschrubbte, schaute ich in den Spiegel und bleckte meine Zähne. Es fühlte sich an, als hätten sie sich über Nacht gelockert. Probehalber fasste ich an den linken Schneidezahn und rüttelte hin und her, konnte aber nicht erkennen, ob er sich wirklich bewegte oder ich mir das nur einbildete. Wenn es so einfach war, über Nacht 16 Jahre jünger zu werden, brauchte ich jedenfalls keine teure Gesichtscreme mehr. Wahrscheinlich würde mich bald die Zahnfee besuchen.

In der Uni knurrte mein Magen so laut, dass Simone neben mir zusammenzuckte.

»Kind, hast du wieder nicht gefrühstückt?«, sagte sie und reichte mir ihr belegtes Brötchen. »Da, nimm.«

»Ich trau mich nicht.«

»Keine Sorge, ist ohne Wurst.«

»Nee, ich glaub, meine Zähne wackeln.«

»Warum das denn?«

»Meine Zahnärztin hat mir gestern eine Knirschschiene verordnet.«

»Willkommen im Klub. Hab ich schon seit Jahren.«

»Ach echt?«

Nina, die unsere Unterhaltung mitbekommen hatte, drehte sich um und nickte. »Ich auch.«

»Um was geht's?«, fragte Jana von links.

»Zähneknirschen«, sagte Simone.

»Oh Mann, ja«, sagte Jana. »So ein Scheiß. Ich hab meine Beißschiene schon zweimal durchgebissen.«

»Ich hab mir sogar Botox in den Kaumuskel injizieren lassen«, sagte Nina. »Hat aber nichts gebracht.«

Am Ende des Tages wusste ich, dass nicht nur Simone, Nina und Jana, sondern auch Amelie, Martin, Klara, Ines und Florian mit den Zähnen knirschten.

Was war da los? Warum hatten wir, alle Anfang zwanzig, schon so viel Stress?

Acht Jahre und sechs Beißschienen später sitze ich bei Dr. Goldberg und klage darüber, dass sich immer dann, wenn ich eh schon wahnsinnig viel erledigen muss, alle Freunde gleichzeitig melden und mit mir verabreden wollen.

»Manchmal kriege ich schon Herzrasen, wenn

das Telefon klingelt und ich Henry auf dem Display sehe.«

»Sie könnten auch einfach nicht drangehen.«

»Dann meldet er sich per SMS oder Facebook und macht sich Sorgen, wenn ich nicht antworte.«

»Und wenn Sie direkt sagen: ›Ich kann jetzt nicht, ich melde mich, sobald wieder mehr Luft ist‹?«

»Dann ist er beleidigt.«

»Sagt wer?«

»Na ... ich.«

»Aha. Sie glauben also, dass Ihre Freunde kein Verständnis dafür haben, wenn Sie keine Zeit haben?«

»Doch, wahrscheinlich schon.«

»Wie viel Zeit kosten Sie ein kurzes Rangehen und die Mitteilung, dass Sie gerade nicht können?«

»Zwei Minuten, höchstens.«

»Und wie viel Zeit kostet es Sie, nicht ranzugehen und sich Gedanken zu machen, dass Henry eventuell beleidigt sein könnte?«

»Verstehe.«

Dr. Goldberg grinst und verschränkt die Arme.

»Ganz schön nervig, so viele Freunde zu haben, die einen treffen wollen, oder?«

»Eigentlich ja nicht.«

»Und uneigentlich?«

»Stresst es mich trotzdem.«

»Genau. Weil Sie die Situation als Stress bewerten«, sagt Dr. Goldberg und guckt so, wie er immer guckt, wenn er wartet, dass bei mir der Groschen fällt. Mit einer Mischung aus Vorfreude und Genugtuung, wie jemand, der schon zehn Meter weiter ist als man selbst und hinter der Kurve einen ersten Blick aufs Meer erhascht hat.

Und der Groschen fällt nicht nur, er kullert laut klimpernd zu Boden. Endlich verstehe ich, was Dr. Herzog damals meinte; ich wünschte nur, sie hätte sich genauso präzise ausgedrückt, wie sie arbeitete. Der Stress, den sie mir attestierte und den ich empört von mir wies, hatte tatsächlich nichts mit einem vollen Terminkalender zu tun.

Es ging um meine Einstellung zum Leben und darum, wie ich mit Belastungen umgehe, ganz egal, ob sie objektiv nachweisbar sind oder nicht.

Man muss kein Vorstandsvorsitzender sein, der seine Mails im Urlaub liest, um Stress zu haben.

Manche Menschen blühen erst mit einem übervollen Terminkalender so richtig auf. Andere drehen schon durch, wenn sie sich ihre To-do-Liste nur vorstellen. Zu denen gehöre ich.

Stress ist keine Währung, die für jeden den gleichen Wert hat. Er kann nicht gemessen werden, weder in Bar, Pascal noch in Kilo, wobei Sport mit einem Elefantenbaby vermutlich schon auf eine gewisse Unentspanntheit hinweist. Wie beim aktuellen Do-it-yourself-Trend ist Stress individuell und selbst gemacht. Häkel dein eigenes Stirnband. Baue deinen eigenen hängenden Kräutergarten. Bastle deine eigenen Nerven aus Drahtseilen.

Stress entsteht nicht dadurch, dass man den Anforderungen genügen will, die das Umfeld an einen stellt. Die Anforderungen stellt man selbst.

12

Eines Morgens, etwa ein Jahr vor meiner ersten Therapie, wachte ich auf und hatte einen Tischtennisball verschluckt. Als ich vor dem Spiegel stand, konnte ich zwar keine Veränderung erkennen, aber ich spürte ihn ganz deutlich, er saß direkt hinter dem Kehlkopf und drückte auf meine Luftröhre. Ich ging kurz alle Krankheiten durch, die mir dazu einfielen, Mandelentzündung, Schilddrüse, Allergie, und beschloss, erst mal abzuwarten. Nach ein paar Tagen war der Tischtennisball immer noch da.

Die Hals-Nasen-Ohren-Ärztin untersuchte mich – wie ich fand, nachlässig – und schloss kurzerhand alles aus: Mandelentzündung, Schilddrüse, Allergie.

»Sie haben das Globussyndrom«, sagte sie, »aber keine organischen Ursachen. Wie geht es Ihnen denn sonst so?«

»Gut, abgesehen davon, dass ich seit Tagen Schluckbeschwerden habe.«

Die Ärztin präzisierte.

»Ich vermute, es ist etwas Psychisches.«

Psychisch? Das hieße ja, ich bildete mir den Tischtennisball nur ein. Unmöglich.

»Ich gebe Ihnen trotzdem mal eine Überweisung zum Psychotherapeuten«, sagte die Ärztin. »Falls die Beschwerden nicht besser werden. Das Globusgefühl deutet oft auf eine Angststörung hin.«

Draußen auf der Straße warf ich die Überweisung in einen Mülleimer. Die Sonne schien, Menschen lachten. Wovor sollte ich denn Angst haben?

Zu Hause schluckte ich eine Allergietablette, am nächsten Tag noch eine, und am darauffolgenden wieder. Nach ein paar Wochen war der Tischtennisball verschwunden.

13

Ich stehe auf der Mittelinsel an der Brandenburgischen Straße, dort, wo sie die Konstanzer Straße kreuzt. Vierspurig rasen Autos vorbei, je zwei vor und zwei hinter mir. Nachdem ich die eine Straßenhälfte überquert habe, ist die Ampel auf Rot umgesprungen, sodass ich jetzt warten muss auf diesem Streifen Asphalt, auf dem verdorrte Grashalme traurig tanzen und der so schmal ist, dass ich, wenn ich umkippen würde, zur Hälfte auf der Straße läge.

Wenn ich umkippen würde.

Ich weiß nicht, warum mein Gehirn solche Gedanken produziert; rein hypothetische Berechnungen für den Fall der Fälle, für eine Möglichkeit in der Zukunft, die zwar eintreffen könnte, aber genauso gut könnte auch ein Gewitter aufziehen und mich der Blitz treffen. Oder gar nichts passieren.

Wenn ich umkippen würde.

Die Sonne brennt auf meinen Kopf, es ist kurz nach zwölf Uhr mittags, ich bin auf dem Weg zu irgendeinem Termin. Kein Grund zur Aufregung. Aber ist der Gedanke einmal da, ist es schwer, ihn zu übersehen. Er ist wie der sprichwörtliche Elefant, der im Raum steht und der auch dann nicht verschwindet, wenn alle Anwesenden versuchen, ihn zu ignorieren. Groß, grau, mit einem langen Rüssel, der mir gegen Hüften und Beine schlägt: pamm, pamm.

Wenn ich umkippen würde.

Ich rufe mich zur Ordnung und denke an Dinge, die ich heute noch erledigen muss: eine Ladung 40-Grad-Wäsche waschen, Kaffee kaufen, meinen Steuerberater anrufen. Doch der Gedanke hat schon von meinem Körper Besitz ergriffen, er führt sich auf wie ein Auto, dessen Fahrer die Kontrolle über das Steuer verloren hat. Er löst eine Kettenreaktion aus, indem entgegenkommende Fahrzeuge ausweichen müssen und weitere Fahrzeuge dazu zwingen, ihre Richtung zu ändern. Irgendwann schafft es der Fahrer, das Auto wieder in die Spur zu bringen. Oder er fährt es gegen eine Wand.

Wenn ich umkippen würde.

Die Ampel ist immer noch rot. Ich trete von einem Fuß auf den anderen und schlucke meine Nervosität hinunter. Einmal, zweimal, dreimal. Zu dem Gedanken gesellt sich ein weiterer: Ich sitze fest. Renne ich los, überfährt mich ein Auto. Bleibe ich stehen, kippe ich um und falle auf die Straße. Es gibt keine Möglichkeit, zu flüchten, jedenfalls nicht, ohne sich Ärger einzuhandeln oder sich zu blamieren. So ist es oft: Die Angst kommt in Situationen, in denen mich äußere Umstände daran hindern, mich frei zu bewegen.

Wenn ich –

Die Ampel wird grün, ich eile über die Straße, erreiche die andere Seite. Jetzt gilt es, keine Pause zu machen, zügig wird vorangeschritten, bis das Kribbeln in den Füßen und Händen aufhört, der Kopf kühler wird und das Leben um mich herum wieder einrastet. Nach einer halben Minute ist alles vorbei.

In meinem Körper jedoch machen kleine, emsige Bauarbeiter Überstunden, um das Adrenalin und Noradrenalin abzubauen. Sie schuften lautlos und unbemerkt, arbeiten an der Wiederherstellung des Normalzustands. Trotzdem ist die Stimmung angespannt, die Ausnahme längst zur Regel geworden. Wenn das so weitergehe, höre ich die Belegschaft raunen, gebe es demnächst einen Streik, also ehrlich.

14

Amygdala.
Ein Mandelkern, den man nicht essen kann.
Mehr Hirn als Verstand.

15

»Wusstest du eigentlich«, sagt die Angst, »wie schmerzhaft ein Harnröhrenabstrich ist?«

Wir sitzen in der U-Bahn und fahren zur Arbeit. Bis gerade eben ging es mir noch gut.

»Wie kommst du denn bitte darauf?«, frage ich.

Die Angst deutet auf die Werbung eines Pharmaunternehmens, das ein Mittel gegen Blasenentzündung anpreist.

»Das will ich gar nicht wissen«, sage ich.

Wir fahren weiter, schweigend. Ich schaue aus dem Fenster ins Schwarze und versuche, zu vergessen, was die Angst gerade gesagt hat.

»Der Urologe ...«, hebt die Angst an.

»Klappe!«

»... nimmt so was wie eine Nadel und ...«

»Hör sofort auf, sonst schreie ich.«

»Das traust du dich doch eh nicht«, lese ich von

den Lippen der Angst ab. Ich kann sie nicht hören, weil ich mir die Ohren zuhalte. Ein paar Leute gucken schon.

»Warum tust du so was?«, zische ich.

Die Angst zuckt mit den Schultern.

»Du sahst aus, als wär dir gerade langweilig.«

16

Die Therapie schlägt an, es geht mir besser. Die Angstattacken sind weniger intensiv, kommen seltener, manchmal wochenlang nicht. Dann wieder reicht ein kleiner Auslöser, und ich möchte nie wieder vor die Tür gehen. Wenn eine Freundin von den Schmerzen beim Einsetzen ihrer Spirale erzählt, stelle ich mir vor, dass ich auf dem Stuhl liege. Wenn es in der Schlange vor einem Club eng wird, male ich mir aus, wie die Menschenmassen mich niedertrampeln. Aber am schlimmsten ist es in der U-Bahn. Und in die muss ich jeden Tag.

Ich stehe eingezwängt zwischen Menschen mit Kopfhörern, Menschen, die Bücher lesen, und Menschen, die sich unterhalten. Typisches Großstadtphänomen: Je mehr Leute um mich herum sind, desto einsamer fühle ich mich. Vielleicht feuert mein Gehirn deshalb Bilder und Sätze in mein Bewusstsein, manchmal wahllos, manchmal durch Trigger wie eine Werbeanzeige oder einen Buchtitel ausgelöst: ein Arzt, der im geöffneten Bauch eines Patienten rumstochert. Ein Bungeesprung von einer hohen Klippe. Männer, die einem, der am Boden liegt, gegen den Kopf treten. Meine Kiefermuskeln zucken.

Haltestelle Alexanderplatz. Türen auf, noch mehr Menschen rein. »Zurückbleiben, bitte«, das heißt: zwei weitere Minuten nicht fliehen können. Vor den Bildern in meinem Kopf, die meinen Körper dazu bringen, so zu tun, als wäre ich in Gefahr. Klosterstraße. Ich wische meine nassen Hände an der Hose ab, kühle mit ihnen meinen Nacken. Meine Ohren sausen, ich schwebe. Die Leute gucken schon. Oder?

Noch eine Station, dann bin ich auf der anderen Seite der Spree. Von da aus könnte ich laufen. Ich kneife mir in den Arm, um zu spüren, dass ich noch da bin. Märkisches Museum. Die U-Bahn wird langsamer, die U-Bahn hält, ich stolpere hinaus und laufe blindlings Richtung Ausgang, laufe, laufe, laufe, bis sich die grobkörnige Welt pixelgleich wieder zu einem glatten Bild zusammensetzt.

Ich werde zu spät zur Arbeit kommen. Genau wie gestern, vorgestern und am Tag davor. Dass ich trotzdem nicht früher losfahre, hat nichts mit Faulheit zu tun, sondern damit, dass ich der Angst kein Zeitfenster reservieren will. Sie kommt ja schon, wenn ich sie nicht einlade; wenn ich mit ihr rechne, kommt sie ganz bestimmt. Also besser dumm stellen. Was? Mein rechter, rechter Platz? Ist besetzt. Sorry.

Jeden Tag aufs Neue habe ich die Hoffnung, dass ich es diesmal schaffe, pünktlich, angstfrei, von A nach B. Manchmal klappt es, meistens nicht.

Irgendwann in dieser Phase telefoniere ich mit meiner Mutter und klage ihr mein Leid. Ich erzähle, dass ich mich über mich selbst ärgere, weil ich nicht mal das in den Griff bekomme, was alle anderen offenbar problemlos bewältigen.

»Mausi, sei nicht so streng zu dir!«, sagt sie. »Wenn ein Kind Angst hat, würdest du dem die ganze Zeit sagen, es soll sich zusammenreißen?«

»Nee.«

»Sondern?«

»Ich würde sagen: ›Willst du aussteigen? Das macht überhaupt nichts, so etwas kann jedem mal passieren.‹ Und dann würde ich ihm ein Eis kaufen.«

»Eben. Also kauf dir doch ab und zu mal ein Eis.«

»Meinst du das jetzt im übertragenen Sinn?«

»Versuch einfach mal, ein bisschen liebevoller zu dir zu sein. Wie zu einem Kind eben.«

»Aber ich bin doch erwachsen!«

»Dann tu so, als wärst du gleichzeitig erwachsen und Kind. Wenn du das nächste Mal Angst hast, frag dein inneres Kind, was es braucht. Tröste es. Sei nett zu ihm.«

»Ich soll also mehrere Personen gleichzeitig sein?«

»Du weißt, was ich meine.«

»Ja, Mama.«

Und meine Mutter hat recht. Je länger ich darüber nachdenke, desto offensichtlicher wird die Tatsache: Mein inneres Kind hat es nicht leicht. Mit mir als Mutter, die streng, anspruchsvoll, perfektionistisch, gemein und verurteilend ist, die Sätze fallen lässt wie »Reiß dich mal zusammen«, »Stell dich nicht so an«, »Was ist eigentlich los mit dir?«,

»Muss das sein?«, »Du blamierst mich«, »Kannst du nicht einfach mal normal sein, so wie alle anderen auch?« – was soll bitte aus so einem Kind werden? Kurz überlege ich, das Jugendamt anzurufen und mich anzuzeigen, entscheide dann aber, die Situation noch eine Weile zu beobachten und im Zweifel schlichtend dazwischenzugehen. Jetzt bin ich also schon drei Personen: Mutter, Kind, Mentor. Bleibt die Frage: Warum bin ich zu mir selbst so hart, wie ich nie zu anderen wäre?

17

Geträumt, ich könnte fliegen.

Irgendjemand feierte Geburtstag, und alle tanzten. Ich tanzte in der Luft. Mithilfe meiner Schultern, Arme und Beine konnte ich das Tempo wechseln, wie beim Schwimmen. Den Traum vom Fliegen hatte ich schon öfter, aber bisher blieb ich immer nah am Boden. Dieses Mal flog ich bis ganz nach oben unter die Decke und legte mich auf den Rücken. Kurz Angst, zu fallen, dann die Erkenntnis: Wer fliegen kann, fällt nicht einfach runter.

Aufgewacht. Zur Arbeit gefahren.

18

Frankfurt Airport, kurz nach Weihnachten. Während hinter den bodentiefen Fenstern Flugzeuge im Minutentakt starten und landen, Menschen auffressen und wieder ausspucken, Tragflächen in der Sonne glitzern und Kindernasen an der Scheibe deren Bewegungen nachzeichnen, lasse ich mein Leben Revue passieren. Denn eins ist sicher: Es wird enden, und zwar in den nächsten viereinhalb Stunden.

Julian und ich fliegen nach Lanzarote. Es ist unser erster gemeinsamer Urlaub und der fünfte Flug in meinem Leben, wobei der erste nicht so richtig zählt. (Wer denkt, der Schnee auf den Alpen sei Puderzucker, hat die Welt noch nicht einmal annähernd verstanden.) Beim zweiten Flug war ich 18. Ibiza, mit Lisa. Ich weiß noch genau, wie aufgeregt ich war, als das Flugzeug auf der Startbahn lauter wurde, die Motoren anschmiss, nach einer schier endlos langen Zeit endlich losfuhr, schneller wurde, schneller, noch schneller, und abhob, oh Gott, dieses Abheben!, und ich schaute hinaus, sah die Häuser kleiner werden und dachte: Das ist so was von irre. Menschen sollten einfach dort bleiben, wo sie hingehören: am Boden.

Später, als meine Freunde in die USA oder nach Argentinien flogen, fuhr ich mit dem Zug nach Italien und mit dem Auto nach Frankreich. Nachdem ich den Führerschein gemacht hatte, fühlte ich mich unbesiegbar. Endlich raus aus der Kleinstadt, Gas geben auf dem Autobahnzubringer, Pommes bei McDrive, die Schlüssel gut sichtbar neben dem Tablett auf dem Tisch. Ich fuhr immer ein bisschen zu schnell, zu schwungvoll, vielleicht aus Langeweile, vielleicht aus Übermut, ich hatte zwei Rückspiegel auf dem Gewissen und hörte die »Massiven Töne« in Dauerschleife mit heruntergelassenen Fenstern. *Wir sind die Coolsten, wenn wir cruisen.* Freiheit. Lichthupe. Nachts bei Regen mit 180 über die Autobahn.

Dann der Winter, in dem ich die Glatteiswarnung ignorierte und gewohnt rasant in die Kurve ging. Schlingern auf die Gegenfahrbahn, Kurbeln nach rechts, Vollbremsung. Ein Trauma, ja, aber ohne größere Auswirkungen. Verletzt war einzig das Auto. Ein geplatzter Reifen, kaputtes Getriebe. Ich ließ es stehen und rief eine Freundin an, die mich abholte und nach Hause brachte. Meine Mutter schrie, mein Vater packte mich schweigend ein und fuhr mich zurück an die Unfallstelle, wo ich lernte, wie man Reifen wechselt. Ich fuhr weiter, vorsichtiger.

Ein Jahr später besuchten wir Oma. Ich saß am Steuer, die Autobahn war frei, ich schnurte geradeaus und sah aus den Augenwinkeln die Leitpfosten vorbeisausen, immer im Zwei-Sekunden-Takt, wie damals als Kind, als ich auf dem Rücksitz fläzte und in der Lücke zwischen zwei Planken meine Zehen zusammenkrallte, eine Abwandlung des Spiels »Nicht auf die Bodenfugen treten«. Es hatte etwas Hypnotisches, Trancehaftes, dieses rhythmische Aufblitzen der Leitpfosten, die Landschaft, die sich zu wiederholen schien, die irgendwie abstrakte Schnelligkeit, die anderen Autos, die an uns vorbeizogen, wwumm, wwumm, wwumm. Mit einem Mal wurde ich sehr, sehr müde. Nicht einschlafen!, dachte ich noch, und dann: Das hier könnte ganz schnell vorbei sein. Bei der Geschwindigkeit reichte ein kleiner Fehler, eine kleine Unaufmerksamkeit. Und wwumm.

Das Adrenalin traf mich wie ein Auffahrunfall. Meine Hände wurden taub und kalt, meine Füße kribbelten, mein Kopf lief hochtourig. Ich hörte meine Eltern wie aus der Ferne reden: »Ist alles okay?« Nein, war es nicht.

»Fahr rechts ran«, sagte mein Vater.

Auf dem Seitenstreifen stiegen wir aus und tauschten die Plätze. In diesem Moment verlor ich das Vertrauen in meine Fahrfähigkeit, das ich bis dahin intuitiv gehabt hatte. Nach jahrelanger Selbstüberschätzung knallte ich unsanft auf den Boden der Tatsachen und erschrak darüber, wie leichtfertig ich mich verhalten hatte. Ich spürte, wie wenig Kontrolle ich wirklich über dieses Fahrzeug hatte – und über meinen Körper. Wenn ich weiterführe, gefährdete ich damit nicht nur mich selbst und meine Mitfahrer, sondern auch alle anderen Verkehrsteilnehmer. Diese Verantwortung erschien mir auf einmal wie eine Bürde, die ich auf keinen Fall tragen könnte.

Ich fuhr nie wieder Autobahn. Und irgendwann saß ich nur noch auf dem Beifahrersitz. Wenn jemand fragte, sagte ich: Ich bin eben aus der Übung. Und wer braucht schon ein Auto, in einer Großstadt mit öffentlichen Verkehrsmitteln und Parkplatznot?

Für Artur war das okay. Erstens saß er gerne selbst am Steuer, zweitens hatte er nichts gegen meine Bedingung: Urlaub nur an Orten, die ohne Flugzeug erreichbar sind. Es gab schließlich auch so genug zu sehen, Kroatien, Südfrankreich, Lago Maggiore. Bevor wir Europa durchhatten, trennten wir uns.

Julian hat allerdings nicht vor, auf den Rest der Welt zu verzichten. Ob ich etwa nie nach Amerika wollen würde, irgendwann?

»Doch, schon. Aber ich kann ja auch mit dem Schiff fahren.«

»Drei Wochen, klar. Dann ist der Urlaub vorbei. Und wenn auf dem Meer ein Sturm kommt, da hast du keine Angst, oder wie?«

Ich musste zugeben, dass mein Plan B hakte. Eigentlich brachte ich ihn auch nur vor, um meine Ruhe zu haben und Diskussionen über meine

Flugangst im Keim zu ersticken. Funktionierte mit Julian nur nicht.

»Ich fahr bestimmt nicht sieben Stunden mit dem Zug nach Paris, wenn ich mit dem Flugzeug in einer Stunde da sein kann.«

Weil mir keine Gegenargumente einfallen und ich mich in der Rolle als Schisser selbst nicht leiden kann, stehen wir jetzt am Flughafen. Nur, dass wir nicht nach Frankreich fliegen, sondern auf die Kanarischen Inseln. Wenn schon, denn schon.

Auf dem Weg dorthin werden wir knapp 3000 Kilometer zurücklegen, die Straße von Gibraltar überqueren und einen Zwischenstopp auf Gran Canaria machen, wo wir in eine Propellermaschine umsteigen. Julian ist überzeugt davon, dass wir in fünf Stunden am Strand die Füße ins Wasser hängen. Ich bin überzeugt davon, dass wir schon sehr viel schneller baden gehen, irgendwo über dem Atlantischen Ozean.

Die Tablette gegen Reisekrankheit, die ich vorsorglich eingenommen habe, hilft angeblich bei Übelkeit und Nervosität. Leider spüre ich davon rein gar nichts. Ich bin ein vor Angstschweiß stinkendes, zitterndes Häufchen Elend mit Tunnelblick. Dass die Menschen am Flughafen alle völlig unbeeindruckt wirken, macht es noch schlimmer. Da sind Kinder, die sich hemmungslos auf den Urlaub freuen, verliebte Pärchen, die mit verschlungenen Händen Espresso trinken, und Männer, die in ihre Smartphones tippen und lässig die Beine übereinanderschlagen, sie tragen schicke Schuhe und große Uhren, auf die sie ab und zu schauen und dabei seufzen. Für sie ist das Ziel das Ziel, der Flieger nur das Transportmittel, um den Weg dorthin zurückzulegen. Für mich ist das Ziel reine Utopie.

Julian versucht, mich zu beruhigen.

»Laut Statistik passieren mit dem Flugzeug viel weniger Unfälle als mit dem Auto.«

»Ja, aber bei einem Autounfall hat man wenigstens noch die Chance, zu überleben.«

»Im Zweifel als Pflegefall. Nein, danke. Im Flugzeug sinkt der Druck, man wird ohnmächtig und bumms, aus. Da kriegt man nicht mal mit, dass man stirbt. Ist doch perfekt.«

Ich sage nicht, dass ich lieber gar nicht sterben möchte.

Während Julian einen Kaffee trinkt, streife ich

durch den Zeitschriftenladen. Liebesromane, Bestseller, englische Bücher, Frauenzeitschriften, Ratgeberliteratur. Vor einem der Regale fällt mein Blick auf ein Heft mit knallbunter Aufmachung: »Kreuzworträtsel für jeden Tag«, 1,90 Euro, 66 Seiten. Vielleicht ist das meine Rettung: Ablenkung durch Denksport. Einen Versuch ist es wert. Als ich das Rätselheft bei der kaugummikauenden Kassiererin bezahle, die mit der freien Hand auf ihrem Smartphone herumwischt, fühle ich mich uralt, aber da ich meine Selbstachtung zusammen mit meinem Koffer schon vor einer Stunde abgegeben habe, ist das jetzt auch egal.

Ich stopfe das Heft in meine Tasche und drehe mich um.

»Wir müssen zur Sicherheitskontrolle«, sagt Julian, und ich bin dankbar, dass er so tut, als hätte er nicht gesehen, was ich da gerade gekauft habe.

In der Schlange beobachte ich die anderen Leute. Alle scheinen ganz genau zu wissen, was sie zu tun haben. Mit traumwandlerischer Sicherheit passieren sie Check-in, Gepäckaufgabe, Sicherheitskontrolle, Boarding. Nur ich kapiere einfach nicht, wie dieses System funktioniert. Der ganze Flughafen ist ein einziger Kontrollverlust. Was muss ich wann zeigen, und wann muss ich wo sein? Habe ich meinen Personalausweis wirklich dabei? Gibt es Ärger, weil sich die Angst im Handgepäck versteckt hat und auch nach mehreren Überredungsversuchen nicht gewillt war, meinen Rucksack zu verlassen? Der ganze Ablauf fühlt sich an wie eine große Prüfung, bei der im Zweifel jeder verdächtig ist. Um nicht ins Visier der Sicherheitsbeamten zu geraten, lächle ich so freundlich wie möglich, ernte aber nur ein unmerkliches Nicken und strenge Blicke.

Wir legen unsere Taschen in die Plastikschalen und warten, bis die Fluggäste vor uns durch den Körperscanner gegangen sind. Einer nach dem anderen wird durchgewunken und sammelt auf der anderen Seite sein Gepäck zusammen. Als ich an der Reihe bin, straffe ich mich innerlich und schreite mit festen Schritten voran, die Arme im 60-Grad-Winkel vom Körper weggestreckt. Hallo, ich habe nichts zu verbergen! Seht ihr? Ich bin total harmlos!

Das Piepen des Scanners wird begleitet von roten Lichtern, die so rhythmisch wie warnend aufblitzen. Köpfe drehen sich in meine Richtung, ich zucke zusammen, ducke mich und laufe rückwärts, in der Annahme, ich müsste die Schranke ein zweites Mal passieren, aber eine kleine, drahtige Sicherheitsbeamtin winkt mich vorwurfsvoll zur Seite und beginnt, mit einem Gerät meine Arme und Beine abzufahren. Es ist wie beim Arzt, nur mit Zuschauern. Horror. An meinem Hinterkopf jault der Scanner schließlich auf.

»Irgendwas drin da außer Gehirnmasse?«, fragt die Sicherheitsbeamtin, und während ihr Kollege erfolglos versucht, sich das Grinsen zu verkneifen, zeige ich ihr schuldbewusst den Übeltäter. Es ist meine metallene Haarspange. Müde gibt mir die Sicherheitsbeamtin ein Handzeichen, dass ich weitergehen kann.

In Halle sieben werden wir durch eine Glastür geschleust, die in einen schwebenden Gang führt, der an eine Treppe mündet, die nach draußen geht, wo ein Bus wartet, der über das Gelände fährt und schließlich vor einem Flugzeug hält.

Es ist so weit.

Reihe elf, direkt neben der Tragfläche und dem Notausgang. Julian sitzt am Fenster, ich in der Mitte, am Gang ein Mann, den ich mir eher nicht als Sterbebegleiter ausgesucht hätte, aber ich habe ja keine Wahl.

Jetzt gibt es kein Zurück mehr.

Fragen, die ich mir im Flugzeug stelle: Wie dünn ist eigentlich der Boden und aus welchem Material? Wie hoch ist die Wahrscheinlichkeit, dass er unter mir einfach wegbricht und ich wie in einem James-Bond-Film durch eine Luke ins Nichts falle? Wie dick sind die Scheiben, an denen sich erst Kondenswasser sammelt und später, weiter oben, Eisblumen sprießen? Was passiert, wenn sie bersten? Werde ich dann hinausgezogen? Warum ist die Toilettenspülung so laut, und kann man durch den Abfluss den Himmel sehen? Warum sind die Tragflächen schon öfter geflickt worden als die Spielhose eines Achtjährigen? Ist es normal, dass ein anderes Flugzeug so nah an uns vorbeifliegt? Was bedeuten all diese Geräusche? Warum wird es plötzlich so leise? Sind die Triebwerke ausgefallen und wir stürzen gleich im freien Fall Richtung Boden? Warum wird es plötzlich so laut? Dreht der Pilot noch mal so richtig auf, als lahmer Rettungsversuch kurz vor dem Ende? Und vor allem: Weiß der Pilot überhaupt, was er tut?

Das falsche Lächeln der Flugbegleiterinnen beruhigt mich kein bisschen, das ist schließlich ihr Job.

Bisher befinden wir uns allerdings noch am Boden. Seit einer halben Stunde fahren wir kreuz und quer über das Flughafengelände. Immer wenn ich annehme, dass wir jetzt auf der Startbahn sind, und darauf warte, dass das Flugzeug beschleunigt, macht es eine weitere, zermürbende Kurve.

Dann halten wir an.

»Endlich«, sagt Julian.

Ich denke daran, dass ich mich schon viel zu lange nicht mehr bei Lisa gemeldet habe, dass ich irgendwann mal einen Hund wollte, und wann war ich eigentlich das letzte Mal beim Yoga? Ich will noch nicht sterben.

Doch das Flugzeug hat sich nicht umsonst in Startposition gebracht. Es rollt los, die Motoren werden lauter, die Startbahn rast an uns vorbei. Ich fixiere das Netz an der Rückseite meines Vordersitzes, in dem das Magazin der Fluglinie steckt, eine Spucktüte und eine Anleitung mit Piktogrammen für den Notfall. Bloß nicht rausschauen. Was ich nicht sehe, existiert auch nicht. Wenn ich mir nur gründlich genug vorstelle, dass wir die ganze Zeit am Boden bleiben, kann ich mein Gehirn vielleicht überlisten. Mir ist klar, dass ich mich verhalte wie ein Kind, das sich die Hände vor die Augen hält und glaubt, es sei unsichtbar, aber solange es wirkt, ist mir das egal. Als das Flugzeug abhebt, rutscht mein Magen eine Etage tiefer und mein Herz in die Hose. Sogar meine Organe wollen am Boden bleiben, aber da haben sie die Rechnung ohne die Physik gemacht. Wir fliegen.

Während der ersten halben Stunde fülle ich manisch Kreuzworträtsel aus. Japanischer Karpfen: KOI. Luft holen: ATMEN. Abschiedsgruß: ADE.

Julian fotografiert die Tragfläche vor schrumpfenden Hochhäusern.

Spaßmacher im Zirkus (Mz.): CLOWNS. Rauschgifthaltiges Arzneimittel: OPIAT. Englisch: frei: FREE.

Julian fotografiert die Tragfläche vor Schäfchenwolken.

Boxkampfplatz: RING. Salopp: Hallo!: HI. Zwanghafte Furcht: PHOBIE.

Julian macht ein Selfie von uns vor der Tragfläche. Als ich das Foto betrachte, sehe ich, wie mir die Angst Hasenohren macht.

Nach 17 Luftlöchern, die sich jetzt alle in meinem Magen befinden, gleiten wir ruhig über eine Wolkendecke. Falls wir abstürzen sollten, versprechen die fluffigen Wattebäusche unter uns eine weiche Landung. Dass sie aus Wasser bestehen, verdränge ich erfolgreich. Außerdem verhindern sie, dass ich bis ganz nach unten schauen kann, wofür ich ihnen sehr dankbar bin.

Ich fühle mich, als hätte ich einen Marathon hinter mir. Mein Körper hat seine Energie verpulvert und mein Erregungslevel vorsorglich runtergefahren. Reiner Selbstschutz, aber ich bin ihm dankbar. Irgendwann kann ich sogar das Rätselheft weglegen und in meinem Roman weiterlesen.

Julian neben mir schläft wie ein Baby.

Ich dagegen habe sogar auf festem Boden Schwierigkeiten, einzuschlafen, wenn eine Freundin bei mir übernachtet. Im Schlaf bin ich verletzlich, ohnmächtig. Da möchte ich allein sein, im Schutz meiner Decke. Was, wenn ich schnarche? Sabbere? Pupse? Wer in der Öffentlichkeit schläft, macht sich nackig. Es gibt immer jemanden, der beobachtet, wie einem die Gesichtszüge entgleisen. Abgesehen davon habe ich nicht vor, freiwillig auch noch auf das letzte bisschen Kontrolle zu verzichten. Wenn wir abstürzen, will ich das mitbekommen. Rechtzeitig. Die Vorstellung, schlaftrunken nach der Schwimmweste zu suchen und nicht zu wissen, ob ich mich in einem Albtraum befinde oder in der Realität, hält mich zuverlässig wach. Wieder einmal arbeitet mein Gehirn gegen meinen Körper.

Schließlich Landung auf Gran Canaria, Umsteigen in die kleine Propellermaschine, Landung auf Lanzarote. Offenbar bin ich die Einzige, die darüber erstaunt ist.

19

Plötzlich bin ich Julian dankbar, dass er so unnachgiebig ist. Hätte er mich nicht dazu überredet, in das Flugzeug zu steigen, säße ich jetzt zu Hause vor Google Street View und würde den Mauszeiger über den Bildschirm ziehen. Stattdessen ziehen wir unsere Koffer ins Freie, die Schiebetür aus Glas gleitet lautlos zur Seite, und ich spüre den Wind, schmecke die Luft. Die Kakteen auf der anderen Seite der Straße stehen stramm wie ein Begrüßungskommando. Wir sind wirklich hier.

Die Schlange am Schalter der Autovermietung ist übersichtlich. Während Julian Wasser besorgt, stelle ich mich hinter zwei Rentner und einen jungen Mann. Es gibt viele Autovermietungen auf Lanzarote, aber nur eine mit 9,5 von 10 Sternen, basierend auf 2476 Bewertungen. Selbstverständlich haben wir bereits vor dem Urlaub ein

Auto reserviert, wir müssen nur noch den Papierkram erledigen und unterschreiben. Wir sind die perfekten Touristen. Die perfekten deutschen Touristen.

»Hola!«, ruft eine männliche Stimme. »Venga a mi, por favor.«

Ein zweiter Mitarbeiter ist hinter dem Tresen aufgetaucht und winkt. Ich schaue mich um, aber er meint definitiv nicht die Leute vor mir, sondern mich. Damit kann ich leben. Ich setze mein strahlendstes Lächeln auf und gehe an der Schlange vorbei.

»Hola«, sage ich. »Mi amigo … äh …«

»English?«, fragt der Mitarbeiter, auf dessen Namensschild Héctor steht.

»German«, sage ich dankbar. »I am waiting for my boyfriend, he has the documents.«

»Hi«, sagt Julian und stellt eine Flasche Wasser auf den Tresen. Während er die Unterlagen aus seinem Rucksack holt und mit dem plötzlich sehr nüchternen Héctor spricht, merke ich, wie sich meine Temperatur normalisiert. Das Reisefieber war seit der Landung zwar bereits um einige Grad gesunken, aber erst jetzt bin ich wieder so richtig cool. Gleich sitzen wir in einem Auto, das die nächsten zwölf Tage uns gehört, und ich muss nichts tun, außer die Karte zu lesen und einen guten Radiosender zu suchen.

»Your driver licence, please«, sagt Héctor.

»Sure.« Julian greift in seine Gesäßtasche und zieht den Geldbeutel heraus. Er öffnet das Fach mit den Karten und blättert sie durch. Kreditkarte, Ausweis, Bahncard 50. Héctor öffnet ein Fenster im Computer, das definitiv nichts mit Autos zu tun hat.

»One moment, please«, sagt Julian. Er öffnet ein weiteres Fach, in dem sich aber nur Geldscheine befinden. Ich werde etwas unruhig.

»Was ist los?«

Julian kippt den Inhalt seines Geldbeutels auf den Tresen und fächert alle Karten auf.

»Ich glaub, ich hab meinen Führerschein vergessen.«

»Du verarschst mich.«

»Nein.« Und zu Héctor, der fragend guckt: »I think I forgot my driver licence.«

»No problem«, sagt Héctor, »we can do it also with the lady's driver licence.«

»Tut mir leid«, sagt Julian und hebt die Schultern. »Sieht aus, als müsstest du fahren.«

Ich kann meinen Führerschein beinahe lachen hören, zu Hause, in meiner Schreibtischschublade. Da will jahrelang niemand was von einem wissen, und dann ist man plötzlich doch wieder interessant. Ich informiere Julian und Héctor über den Aufenthaltsstatus meiner Fahrerlaubnis.

»Na super«, sagt Julian. »What can we do now?«

»You need a certified copy«, sagt Héctor. »Come back when you have one.«

Der Bus, der hier Guagua heißt, braucht eine Dreiviertelstunde bis zu unserer Unterkunft im Norden der Insel, weil er alle Dörfer anfährt, die mehr als eine Palme haben. Wir sehen weiße, kubische Häuser mit grünen Fensterläden, die sich vor dem Wind ducken. Aschefelder, auf denen schwarze Felsbrocken herumliegen, als hätte ein nachlässiger Riese mit ihnen gespielt und danach keine Lust gehabt, aufzuräumen. Erloschene Vulkane, die schon lange keine Lava mehr spucken. Und schließlich das Meer, ein schimmernder Streifen Verheißung am Horizont. Die Landschaft, die hinter den Fenstern vorbeizieht, ist dominiert von Grau, Braun, Beige, Weiß und Grün, einzig unterbrochen von den orangefarbenen Mülltonnen am Straßenrand. Am Himmel üben sich Wolken in einer ambitionierten Choreografie.

An unserer Haltestelle werfen wir einen kurzen Blick auf den Fahrplan und bekommen schlagartig schlechte Laune. Der Guagua fährt dreimal am Tag, am Wochenende nur zweimal. Ohne Auto werden die zehn Tage kein Spaß, so viel ist klar. Auf dem Weg zu unserem Apartment treffen wir einen alten Mann und vier junge Katzen, die uns alle ignorieren. Unser Schlafzimmer hat ein Bullauge, von dem aus man das Meer sieht, neben der Terrasse wächst eine pinke Bougainvillea. Wir entscheiden uns, zum Strand zu laufen, geben aber auf halber Strecke auf, da uns jemand Lavasteine in den Weg gelegt hat – vielleicht der spielfreudige Riese, der nie aufräumt. Wir sitzen fest, wenn auch in einem malerischen Dörfchen.

Am nächsten Tag versuchen wir, eine beglaubigte Kopie von Julians Führerschein zu organisieren, aber der Bürokratie in Berlin ist unser Urlaub ziemlich egal. Nach diversen weiteren Anrufen und E-Mails stellt sich heraus, dass Henry, der einen Zweitschlüssel zu meiner Wohnung hat, meinen Führerschein einscannen und an meinen Vater mailen könnte, der ihn dann nur noch beglaubigen lassen und uns zurückmailen müsste, damit wir ihn in einem Copyshop ausdrucken lassen, von dem wir nicht wissen, ob er überhaupt existiert. Easy. Schon einen Tag später, den wir aus Faulheit auf der Terrasse verbringen, halte ich eine beglaubigte Kopie meines Führerscheins in den Händen.

»Ist doch schön, dass du so intensiv an unserem Urlaub teilhaben kannst«, sage ich zu meinem Vater, als wir zum siebten Mal telefonieren, aber er lacht nur müde.

Ab da steht fest: Ich fahre. Zum ersten Mal seit fünf Jahren. Mit einem fremden Auto. In einem fremden Land.

»Wo ist noch mal das Gaspedal?«
»Nicht dein Ernst.«
Wir sitzen in einem grauen Opel Corsa im Parkhaus vor dem Flughafen. Seit zehn Minuten versuche ich, den Sitz in eine Position zu kurbeln, in der ich sowohl genug sehen als auch mit den

Füßen die wichtigen Pedale erreichen kann, also Gas, Bremse und ... ach ja, Kupplung. Mein Kopf ist komplett leer, aber nicht auf die gute Urlaubsart, bei der die allumfassende Entspannung jeden Gedanken schneller schmelzen lässt als ein Eis. Das hier ist ein Blackout. Dass ich mich um den Verstand schwitze, liegt jedenfalls nicht an der erfreulich hohen Außentemperatur. Sobald ich darüber nachdenke, ob die Bremse links oder rechts ist und wann ich die Kupplung treten muss, bin ich verwirrter als vorher. Intuition ist bei mir der Schlüssel zum Erfolg, aber der fürs Auto liegt leider im Straßengraben einer deutschen Autobahn.

Julian rutscht unruhig auf dem Beifahrersitz hin und her.

»Du kannst aber schon Auto fahren, eigentlich?«, fragt er.

»Klappe.«

Zusammengefasst ergibt sich folgender Sachverhalt: Ich vertraue mir nicht, Julian vertraut mir nicht. Wenigstens sind wir uns einig.

Nachdem ich den Motor zweimal abgewürgt habe, schaffe ich es irgendwie, loszufahren. Die Straßen auf dem Flughafengelände sind gesäumt von Palmen und verästelt wie Arterien, der Asphalt sieht aus, als wäre eine Horde Kinder mit Kreide über ihn hergefallen. Gelbe Kreuze, weiße Buchstaben, Pfeile in alle Himmelsrichtungen. Hoch oben hängen große weiße Schilder mit schwarzer Schrift. Salidas. Llegadas. Ciudad. Wir fahren in immer größer werdenden Schleifen um den Flughafen herum, passieren einen Kreisverkehr, dann noch einen – zweispurig, was muss ich da noch mal machen? »Einfädeln!«, ruft Julian und hält sich am Türgriff fest –, und schließlich gelangen wir auf die Straße Richtung Arrecife.

Das Schlimmste ist geschafft.

Andererseits habe ich jetzt, da es immer geradeaus geht, Zeit, nachzudenken. Zum Beispiel darüber, dass die Straßen hier nicht mal einen Seitenstreifen haben. Was ist, wenn ich eine Panikattacke bekomme und mal rechts ranfahren muss? Wahrscheinlich landen wir dann in dem schwarzen Vulkangeröll, das überall auf dieser Insel herumliegt. Asche zu Asche, Staub zu Staub.

Aber wir landen zwölf Tage nirgendwo, außer an den Orten, die wir besichtigen wollen. Von Tag zu Tag gebe ich mit größerer Freude Gas, ich bezwinge sogar die steilen Serpentinen zum Timanfaya-Vulkan und fühle mich wieder wie bei der Fahrprüfung: Berganfahrt, mit Handbremse. Und das gleich dutzendmal hintereinander, denn sehr viele Touristen haben die gleiche Idee wie wir. Irgendwann zwischen Tag sechs und Tag acht muss ich mir heimlich eingestehen, dass mir das Fahren auf den glatt asphaltierten Straßen Spaß macht. Irgendwann zwischen Tag neun und Tag elf schreit auch Julian im Kreisverkehr nicht mehr panisch »Pass auf!«, sondern nur noch euphorisch »Schau, die Kakteen!«. Den Kakteengarten hatte Lanzarotes Inselkünstler César Manrique kurz vor seinem Tod angelegt. Er starb bei einem Autounfall.

20

Beim Rückflug bin ich erstaunlich entspannt. Vielleicht liegt es am Urlaub, vielleicht aber auch daran, dass ich mit Antibiotika vollgepumpt bin. Am vorletzten Tag habe ich mir im kalten Wasser eine Blasenentzündung geholt, jetzt hänge ich träge auf meinem Sitz und bin froh, dass wenigstens die Schmerzen nachgelassen haben. Eine halbe Stunde vor Frankfurt fängt es an zu ruckeln.

»Sehr geehrte Damen und Herren, liebe Kinder«, knarzt die Stimme des Piloten aus den Lautsprechern, »in Kürze erreichen wir unseren Zielflughafen. Die Temperatur in Frankfurt am Main beträgt warme neun Grad, es ist wolkig, und aufgrund des Orkantiefs Ulli gibt es heftige Sturmböen von bis zu 76 Stundenkilometern. Wir werden gleich den Sinkflug einleiten. Bitte schnallen Sie sich an, es kann wackelig werden.«

Orkantief? Ich schaue rüber zu Julian, der auf der anderen Seite des Gangs sitzt und schuldbewusst guckt. Er angelt nach meiner Hand.

»Wusstest du das etwa?«, frage ich.

»Ja, schon«, sagt Julian. »Ich hab's heute Morgen im Internet gesehen. Aber –«

»Du lässt uns also in den sicheren Tod fliegen und hältst es nicht mal für nötig, mich darüber zu informieren?«

Ich bin fassungslos. Nun ist also eingetroffen, wovor ich mich am meisten fürchte: keine Kontrolle zu haben. Nicht selbst entscheiden zu können. Ich fühle mich belogen, betrogen, ausgeliefert. Hätte ich das gewusst, wäre ich niemals in das Flugzeug gestiegen. Das weiß Julian natürlich auch.

»Wir werden nicht sterben«, beschwichtigt er. »Es ist nur Wind. Außerdem habe ich dir extra nichts gesagt, damit du dir keine Sorgen machst.«

»Aber *jetzt* mache ich mir Sorgen!«

»Wenigstens hast du schon entspannte dreieinhalb Stunden Flug hinter dir«, sagt Julian und grinst. »Ist doch besser, als die ganze Zeit Angst zu haben.«

»Ich hätte trotzdem gerne selbst entschieden, ob ich schon sterben will. Und übrigens: Will ich nicht!«

Der Sinkflug ist ein Albtraum aus Luftlöchern, Starkregen und dem immer wiederkehrenden Gefühl, ins Bodenlose zu stürzen. Dass sich mittlerweile auch die anderen Passagiere mit grünen Gesichtern an ihre Armlehnen klammern, bestätigt meine These, dass dies der letzte Flug in unserem Leben sein wird. Meine Sitznachbarin flüstert in einem fort vor sich hin, oh Gott, oh Gott, oh Gott, während ich in meinem Sessel immer kleiner werde und mich auf meinen Atem konzentriere, ich gehe ganz tief in mich rein und bilde eine schützende Hülle um mich herum, in der Hoffnung, dass sie den Aufprall abfedert, wenn es so weit ist. Meine kaltnassen Hände sind rot-blau gefleckt und sehen aus, als gehörten sie nicht zu mir, leblose Objekte mit gekrümmten Fingern, nur der Puls pocht sichtbar und hektisch an der Innenseite der Handgelenke.

Es ist eine Lüge, dass im Angesicht des Todes das ganze Leben im Zeitraffer an einem vorbeizieht.

Einzig die Leerstellen werden sichtbar, die verpassten Chancen, die ungelebten Träume. Wie ein Mantra rattern Satzbausteine durch meinen Kopf: Ich wollte doch noch. Hätte ich bloß. Mit etwas mehr Zeit … Und dann lebt man weiter und vergisst, was man noch alles machen wollte. Stattdessen schaut man Serien auf Netflix.

Die ersten Hochhäuser werden zwischen schnell fliegenden Wolken sichtbar, Lichter blitzen, und wieder einmal staune ich darüber, was Menschen sich so alles ausdenken und es dann einfach in die Tat umsetzen. Wolkenkratzer. Flugzeuge. Raketen. Als würde ihnen die Welt gehören. Als könnte ihnen nichts passieren. Woher nehmen die diese Selbstsicherheit?

Gleich sind wir unten, ich kann schon den Boden sehen. Nur noch ein paar Meter. Die meisten Unfälle gibt es beim Start oder bei der Landung, denke ich noch.

Und dann passiert es.

Der Lärm ist ohrenbetäubend, der Druck presst mich in meinen Sitz, und ich spüre, wie mein Kreislauf absackt. Zum ersten Mal in meinem Leben wünsche ich mir, ohnmächtig zu werden, damit ich das, was jetzt kommt, nicht mitkriege. Den Aufprall. Die Schmerzen. Mir ist kotzübel. Die Frau links von mir weint und krallt ihre Hand in meinen Unterarm, alle anderen schreien.

Nur Julian lacht, er lacht und lacht und lacht, er kann gar nicht mehr damit aufhören.

Ist der irre? Ich atme in mein zappelndes Zwerchfell und fokussiere die Spucktüte, die vor mir an der Lehne steckt. Links am Fenster rasen Wolkenfetzen vorbei, und gleichzeitig geschieht alles in Zeitlupe, wie bei einem Autounfall im Film, wenn der Wagen über eine Klippe fährt
und fällt
und fällt
und fällt.

Nur, dass wir wieder nach oben steigen. Senkrecht. Deshalb auch die Wolken.

»Liebe Fluggäste«, schnarrt die Stimme des Kapitäns aus dem Lautsprecher, »ich bitte um Entschuldigung, aber wegen einer Sturmböe musste ich aus Sicherheitsgründen die Landung abbrechen und durchstarten. Leider konnte ich Sie nicht mehr rechtzeitig über den Fehlanflug informieren. Wir steigen jetzt noch mal circa 15 Minuten und warten dort auf das Signal, bis eine Landebahn zu einem zweiten Landeversuch frei wird.«

Wörter, die ich nie kennenlernen wollte: Fehlanflug. Landeversuch.

Ein halb erleichtertes, halb entsetztes Stöhnen geht durch das Flugzeug. Nur Julian strahlt über das ganze Gesicht.

»Das ist besser als Achterbahn fahren!«, jubelt er.

Wer ist dieser Mensch?

Doch dann sagt Julian den Satz, der mich von meiner Flugangst kurieren wird, nicht unmittelbar, sondern schleichend, mit jedem weiteren Flug wird sie ein Stückchen kleiner werden und schließlich ganz verschwinden, er sagt den Satz, dessen Essenz mir ins Bewusstsein tropft, dort, wo Wahrscheinlichkeitsrechnungen und Statistiken nicht hinkommen, weil sie zu abstrakt sind und zu kalt.

Er sagt:

»Ich bin schon so oft geflogen, aber einen Fehlanflug habe ich bisher noch nie erlebt.«

Eine sehr einfache Gleichung: Es kann nicht mehr schlimmer werden, deshalb wird es besser.

21

Im Traum fahren wir mit dem Zug am Meer entlang. Urplötzlich, während ich aus dem Fenster schaue, verschwindet das Wasser. Jetzt ist dort eine Heidelandschaft, absurd steil. Unten am Strand immer noch Menschen. Ich will sie warnen, denn ich weiß, das Wasser wird zurückkommen. Doch der Zug fährt einfach weiter. Irgendwann steigen wir aus, und da ist Lotta, die mit ihren Eltern vor einem kleinen Häuschen im Garten sitzt, bei Kaffee und Kuchen. Ich bringe meine Verwunderung über das verschwundene Meer zum Ausdruck, aber Lotta sagt nur: »Ja, so ist das hier eben, wir sind das gewohnt.« Als ich mich gerade entspanne und mir Sahne auf den Kuchen schaufle, steht Lottas Mutter auf. »Ihr habt noch zehn Sekunden, dann müsst ihr entscheiden, ob ihr ins Wasser geht oder mit ins Haus kommt«, sagt sie, nimmt die Kuchenteller und bringt sie hinein, und im Geist fange ich an, runterzuzählen, der finale Countdown, doch da sehen wir schon das Wasser kommen. Noch sucht es sich langsam seinen Weg, sickert in die Erde, aber das ist erst der Vorbote, dort hinten baut sich schon eine große Welle auf, ein Tsunami, dem wir nicht entkommen können. Henry, der mir bis dahin nicht geglaubt hat, ist fassungslos, und dann kommt das Wasser, es kommt und nimmt uns mit, hebt uns 60 Meter über die Klippe in die Tiefe, wo wir schließlich am Strand landen, unverletzt und zwischen fröhlich Badenden.

22

Eineinhalb Jahre später wird mein erstes Buch veröffentlicht. Ein befreundeter Kollege fragt, wann die Lesung stattfindet, ich sage: Gar nicht. Lampenfieber. Damals wissen nur die engsten Freunde von meiner Angststörung. Dann würden das eben andere für mich übernehmen, beschließt der Kollege, unter anderem er selbst. Keine Lesung sei nämlich keine Option. Innerhalb kürzester Zeit steht der Termin, fünf weitere Kolleginnen und Kollegen haben Lust, mitzumachen.

Am Abend der Lesung bin ich so aufgeregt wie schon lange nicht mehr. Während die anderen die Geschichten vortragen, die ich geschrieben habe, verstecke ich mich auf der Empore und versuche erfolglos, mein Herz zu bändigen. Die Aufregung nimmt nicht ab, nicht nach dem ersten Kapitel, nicht nach dem zweiten, nicht nach dem dritten.

Als würde sie mir im Hals stecken bleiben, weil ich sie nicht wegrede. Am Ende werde ich auf die Bühne gerufen, stammle ein paar unvorbereitete Sätze, schaue in ratlose Gesichter. Über den Köpfen des Publikums hängt die Frage, die niemand beantwortet: Warum liest die Autorin nicht selbst?

Der Bekannte eines Freundes, den ich vorher noch nie gesehen habe, kommt danach zu mir und sagt: »Beim nächsten Mal musst du selber lesen.« Ich weiß sofort, dass er recht hat. Er ist Schauspielschüler und empfiehlt mir seine Lehrerin, ich notiere ihren Namen, dann gehen wir feiern. Später fahre ich nach Hause und heule.

Einige Wochen danach habe ich meinen ersten Termin bei Karina. Wie es sich für eine Schauspiellehrerin gehört, wohnt sie in einer weitläufigen Altbauwohnung in Charlottenburg, im Flur empfangen mich ein Turm aus Teeschachteln und eine Pumpkanne mit heißem Wasser, Sonnenstrahlen tanzen auf dem Fischgrätparkett. Als wir uns schließlich gegenübersitzen und Ingwer-Zitronen-Tee trinken, bin ich sofort von ihrer Grandezza eingeschüchtert. Karina trägt bunte, wallende Kleider und weißblonde Haare, hat Augen wie ein Raubvogel und eine umwerfende Ausstrahlung. Sie sieht aus, als könnte sie nichts erschüttern. Gut, denke ich. Genau das soll sie mir jetzt bitte beibringen.

Wie sich die Aufregung äußert, will sie wissen und zückt ihren Stift. Sterben will ich dann, sage ich. Sie zieht die Augenbrauen hoch, so schlimm, ja? Ja. Ich vermeide das Wort »Angststörung«, erzähle aber, dass ich mich davor fürchte, auf der Bühne einfach umzukippen. Das Herzrasen, der Schwindel, der trockene Mund, die kribbelnden Finger – lauter Symptome, die auf eine drohende Ohnmacht hindeuten, oder?

»Unmöglich«, sagt Karina. »Dafür ist viel zu viel Adrenalin in deinem Körper.«

Mittlerweile bezweifle ich, ob diese Aussage stimmt; zu oft habe ich seitdem von Fällen gelesen, bei denen jemand vor Aufregung bewusstlos wurde. Aber zu diesem Zeitpunkt ist es genau das, was ich hören will: Du wirst nicht umkippen. Auch wenn es sich ähnlich anfühlt, es ist nur Lampenfieber. Damit kann ich leben.

Lästig ist die Aufregung natürlich trotzdem, vor allem wenn zu den zittrigen Händen auch noch eine wacklige Stimme hinzukommt. Karina empfiehlt deshalb, vorher ein paar Milliliter Klosterfrau Melissengeist zu trinken, der bestehe aus 13 Heilpflanzen und helfe gegen alles, vor allem gegen innere Unruhe. »Und man kann danach sogar noch reden, ohne zu lallen.«

Die Wirkung von Melissengeist kannte ich schon. Lisas Mutter hatte uns damals vor der Abreise nach Ibiza eine Flasche in den Koffer gesteckt, »für den Notfall«. Allerdings hatte sie versäumt, uns darauf hinzuweisen, dass 79-prozentiger Alkohol mit Wasser verdünnt werden sollte. 100 Prozent Spaß hatten wir an dem Abend trotzdem – oder gerade deshalb.

Meine erste richtige Lesung wird in dem Ort stattfinden, in dem ich aufgewachsen bin. Ein Heimspiel, meine ich. Eine besonders schwierige Situation, meint Karina: »Es kann trotzdem immer sein, dass ein griesgrämiger Mann in der ersten Reihe sitzt, der eigentlich lieber Fußball schauen wollte. Wenn du dich davon irritieren lässt, bist du verloren.«

Um den Kontakt zum Publikum herzustellen, gleichzeitig aber auch die notwendige Distanz, soll ich mir eine liegende Acht vorstellen, die mich und die Zuhörer umrahmt. Im Kopf fahre ich die Strecke entlang, mir wird schwindelig.

Außerdem sei es ganz wichtig, sich den Raum vorher anzuschauen. Mehr noch: Ich soll ihn erfühlen. Es geht um Rückendeckung, Abstand zum Publikum und darum, sich mit der Umgebung vertraut zu machen. Probehalber laufe ich schielend durchs Zimmer, bleibe in der linken Ecke stehen. Warum da?

»Fühlt sich richtig an.«

Karina nickt.

Nächster Punkt: Die Begrüßung üben. Ich gehe raus, ziehe die Tür hinter mir zu, öffne sie, komme rein, schwitze.

»Hallo«, piepse ich, es hört sich an wie ein aus dem Nest gefallener Vogel. Noch mal, bitte. Meine Ohren sausen, dabei stehe ich nur vor einer Person.

»Ich bin ja auch streng«, sagt Karina.

Also gut. Tür zu, Tür auf, drei Schritte, Blick ins imaginäre Publikum, Boden unter den Füßen spüren. »Herzlich willkommen, ich freue mich, dass Sie heute Abend hier sind.«

Während ich spreche, merke ich, wie mir meine

Gesichtszüge entgleiten. Es sei besser, seine Nervosität zu thematisieren, als sie krampfhaft zu verstecken, sagt Karina.

»Wenn du aufgeregt bist, spüren die Zuhörer das eh. Das ist für beide Seiten unangenehm.«

Wir üben den Satz: »Puh, bin ich aufgeregt, das ist meine erste Lesung.« Was ich dadurch erreiche?

»Allein durch das Aussprechen wird die Aufregung weniger. Und das Publikum entspannt sich, fühlt mit, was wiederum eine positive Rückkopplung für dich ist.«

Als ich schließlich anfange zu lesen, stoppt mich Karina nach zwei Sätzen.

»Ich habe kein Wort verstanden«, sagt sie.

Ich auch nicht, wenn ich ehrlich bin. Dafür habe ich mich viel zu sehr auf meine Aussprache und mein klopfendes Herz konzentriert.

»Falsch, der Inhalt muss rüberkommen«, sagt Karina. Und noch etwas: Ich soll ausatmen, bevor ich anfange zu lesen. Was sich erst mal völlig absurd anhört, funktioniert tatsächlich. Da ist immer noch genug Luft für den ersten Satz übrig. Diese Technik bewirkt, dass die Stimme ruhiger klingt, entspannter.

Am Tag der Lesung hält sich meine Aufregung in Grenzen. Ich bin nervös, klar, aber panisch bin ich nicht. Im Vorfeld habe ich den Raum erspürt und meinen Tisch dorthin gestellt, wo ich mich am wohlsten fühle, direkt vor die Terrassentür. Kurz bevor es losgeht, kippe ich einen Shot Melissengeist, dann stelle ich mich dem Publikum. Ich atme aus, schaue in bekannte und unbekannte Gesichter, ermahne mich zur Langsamkeit. Dass ich die liegende Acht vergesse – geschenkt. Ich gehe los, das Publikum geht mit, lacht an den richtigen Stellen, und ich verspüre ein Gefühl, das ich in diesem Zusammenhang nicht erwartet hätte: Spaß.

Nach der Lesung bin ich völlig high, der Endorphinrausch trägt mich durch die nächsten Tage. Binnen einer Woche ist alles wieder wie vorher. Aber wenn nicht einmal Verliebtsein ewig dauert, warum sollte es hier anders sein?

23

Geburtstag. Rückblickend stelle ich fest, dass ich extrem viel schlauer bin als vor einem Jahr, und da war ich schon extrem viel schlauer als im Jahr zuvor, demzufolge bin ich im Vergleich zu nächstem Jahr extrem dumm. Das beruhigt mich irgendwie, es nimmt der Gegenwart die Schwere.

Ich teile der Angst meine Gedanken mit.

»Wahre Worte«, sagt sie und schnipst mit den Fingern, um den Barkeeper auf sich aufmerksam zu machen. Komischerweise funktioniert so was bei ihr immer.

»Einen Wodka Martini bitte. Dirty.«

Der Barkeeper macht Augen wie ein junger Welpe.

»Dirty …?«, fragt er.

Die Angst verändert beinahe unmerklich den Winkel ihres Lächelns.

»Mit einem Schuss Olivensaft.«

Während der Barkeeper Eiswürfel in den Shaker füllt, wendet sich die Angst zu mir.

»Hier, mein Geschenk.« Sie reicht mir eine Tüte mit dem Aufdruck einer bekannten Drogeriemarktkette. Ich entknote das gekringelte Band und greife hinein.

»Eine Antifaltencreme. Danke.«

»Dachte, das könnte helfen«, sagt die Angst und beäugt kritisch, wie der Barkeeper Wodka, Wermut und Olivensaft in den Shaker füllt.

»Bestimmt«, sage ich. »Aber weißt du, eigentlich ist meine Haut das kleinste Problem.«

»Findest du?«

»Wenn ich irgendwann auf dem Sterbebett liege und auf mein Leben zurückschaue, zähle ich bestimmt nicht meine Falten.«

»Romantisch«, sagt die Angst. »Auf dem Sterbebett, hm? Vielleicht wirst du auch von einem Auto überfahren.«

»Ja, gut«, sage ich. »Kann man natürlich nicht wissen.«

Der Barkeeper serviert der Angst ihren Wodka Martini. Sie nippt daran und verzieht das Gesicht.

»Kleiner Tipp fürs nächste Mal«, sagt sie und beugt sich nach vorne, »die Hälfte Olivensaft hätte gereicht.« Und in meine Richtung, gerade so laut, dass es alle hören können: »Die Oliven sind auch nicht mehr die frischesten.«

»Gibt es ein Problem?« Ein zweiter Barkeeper, der seit einiger Zeit im Hintergrund Gläser abtrocknet, baut sich vor der Angst auf.

»Ach«, sagt die Angst. »Die Mischung ist nur nicht ganz ausgewogen.«

»Dann bestell doch das nächste Mal einfach was, das dir schmeckt.«

Die Angst öffnet den Mund und schließt ihn unverrichteter Dinge wieder. Dann zieht sie mich weg von der Theke.

»Unverschämtheit!«, zischt sie.

»Ich hab noch nie mitbekommen, dass dir die Worte fehlen«, sage ich.

»Ich wollte nur nicht, dass die Situation eskaliert.«

Wenn die Angst lügt, bekommt sie einen roten Hals. Wir setzen uns an einen freien Tisch.

»Also, was das Sterbebett betrifft«, sage ich, »ich will jedenfalls nicht daliegen und zurückschauen und merken, dass ich alles verpasst habe.«

»Kannst du bitte mal aufhören, vom Sterben zu reden? Ist ja gruselig.«

»Geburtstag und Silvester sind doch die besten Gelegenheiten, um eine Zwischenbilanz zu ziehen. Und außerdem muss jeder irgendwann –«

»Lalalala«, schreit die Angst, »ich will das nicht hören!«

Seufzend gehe ich zur Theke und bestelle zwei Schnäpse. Aus den Augenwinkeln sehe ich, wie die Angst ihre Knöchel knacken lässt.

»Geht's wieder?«, frage ich, als ich an unseren Tisch zurückkomme.

»Entschuldige«, sagt die Angst. »Ich kann mit dem Thema nicht so gut umgehen.«

»Offensichtlich. Hier, trink.«

Wir prosten uns zu und exen die Gläser.

»Ich bin jedenfalls froh, dass du mit den Jahren vernünftiger wirst«, sagt die Angst. »Augenscheinlich habe ich doch nicht komplett versagt.«

»Hast du nicht, keine Sorge.«

Wir schweigen ein bisschen vor uns hin.

»In der Pubertät dachte ich noch, ich wüsste, wie es läuft«, sage ich.

»Was?«, fragt die Angst.

»Das Leben.«

»Du warst eben dumm.«

»Vermutlich würde man diese Zeit sonst gar nicht überstehen«, sage ich. »Aber irgendwie war das auch schön. So unbeschwert.«

»Du hast dich ständig blamiert«, sagt die Angst. »Schon vergessen?«

»Nein, aber irgendwie war mir das damals egaler. Das war ja das Schöne daran.«

»Seh ich nicht so«, sagt die Angst. »Was ich alles tun musste, um deinen guten Ruf wiederherzustellen.«

»Und was hab ich davon? Jetzt bin ich erwachsen und muss ständig kontrolliert sein, Contenance bewahren, eine gute Figur machen. Wenn nicht, hat das Konsequenzen. Manchmal, wenn ich kleine Kinder ausrasten sehe, wenn die sich auf den Boden schmeißen und brüllen und alle anderen genervt sind, muss ich grinsen. Die machen einfach das, wonach sie sich fühlen. Eigentlich bin ich dann sogar ein bisschen neidisch. Wenn man erwachsen wird, geht einem das verloren. Das ist doch schade. Irgendwie ist jetzt alles so anstrengend.«

»Tja«, sagt die Angst, »um erfolgreich zu sein, muss man sich eben anstrengen. Alte buddhistische Weisheit.«

»Erstens ist das ganz sicher keine buddhistische Weisheit«, widerspreche ich. »Und zweitens kann man auch Erfolg haben, ohne sich anzustrengen.«

»Das ist kein Erfolg, das ist Glück. Oder Talent. Gepaart mit Faulheit.«

»Aber wenn das reicht, um gut zu sein?«

Die Angst mustert mich abschätzig.

»Kein Wunder, dass du es noch nicht geschafft hast«, sagt sie. »Mit dieser Einstellung.«

»Was geschafft?«, frage ich.

Die Angst macht eine ausladende Handbewegung.

»Na, alles. Karriere. Ein Häuschen in Südfrankreich. Professionell Barpiano spielen.«

Sie deutet auf den Pianisten, der lässig am Klavier sitzt und mit einer Hand komplizierte Läufe spielt, während er in der anderen das Weinglas hält.

»Das könntest du sein«, sagt die Angst. »Mit ein bisschen mehr Disziplin.«

»Och nö«, sage ich, »lass mal. Ich mach das ja nur zum Spaß.«

»Wir sind hier nicht zum Spaß«, brüllt die Angst, greift in ihre Tasche und schleudert eine Handvoll Konfetti in die Luft. »Wir machen jetzt Party!«

»Ey, Konfetti ist hier verboten«, ruft der Barkeeper.

»Ach, halt die Klappe«, sagt die Angst. Sie zieht einen Selfiestick unterm Tisch hervor, schießt 20 Fotos und lädt alle auf Instagram hoch.

»Wenn du mal etwas fröhlicher gucken könntest«, sagt sie. »Immerhin hast du Geburtstag.«

24

Es gibt zwei Gründe, den Urlaub mit seinen Eltern zu verbringen. Entweder ist man noch ein Kind und hat keine andere Wahl, oder man hat die Pubertät erfolgreich überstanden. Ich bin nun also offiziell erwachsen. Wurde auch Zeit, mit 30 Jahren. Außerdem habe ich kein Geld.

In meiner Jugend waren wir jedes Jahr nach Südfrankreich gefahren, bis ich irgendwann mit neuen Menschen neue Orte entdecken wollte: Kroatien. Istanbul. Mallorca. Jetzt sitze ich wieder auf dem Rücksitz unseres Opels, neben mir belegte Brote mit Gürkchen, und recke mich nach vorne, um durch die Frontscheibe zu schauen.

Alles sieht noch genauso aus wie damals. Der einspurige Kreisverkehr direkt hinter der Strandpromenade, die lange, dünne, von englischem Rasen umsäumte Palme auf der Verkehrsinsel, das braune Holztor am Eingang zum Campingplatz, die weißen Plastikstühle vor der Holzofenpizzeria, der staubige Boule-Platz mit der kleinen Mauer. Dann die Luft: randvoll mit dem Geruch von Pinien und dem Huh-huuuuuh-hu der Türkentauben. Und immer glitzert irgendwo das Meer.

Man braucht eigentlich nicht mehr zum Glücklichsein als ein Zelt, eine Hängematte und sieben Minuten zum Strand. Sogar Geschirrspülen macht Spaß, wenn man im Freien steht und zusieht, wie der Kaffeesatz aus der Espressokanne genauso träge im Abfluss verschwindet, wie man sich selbst gerade fühlt. Zuvor haben wir im Schatten vor dem Zelt gegessen: Tomatensalat, Baguette, Käse, dazu Wein. Gleich würde ich mit meinem Buch an den Strand gehen und danach – ach, wer wusste das schon.

Zum ersten Mal seit langer Zeit habe ich das Gefühl, für nichts verantwortlich zu sein. Vielleicht, weil mir dieser Ort so vertraut ist wie die Leberfleckenkolonie auf meinem rechten Unterarm, die schon so lange zu mir gehört, dass ich sie gar nicht mehr wahrnehme. Aber da ist noch etwas anderes: Ich bin wieder Kind. Und zwar ohne die Nachteile, die das Leben als Zwölfjährige mit sich bringt – viel zu früh ins Bett müssen, viel zu spät erfahren, welche Frisur im neuen Schulhalbjahr angesagt ist, Selbstzweifel haben, aber sie nicht in Alkohol ertränken dürfen, zu wenig Eis, zu wenig Taschengeld. Okay, das mit dem Geld ... aber das würde sich ja bald wieder regeln.

Hier im Urlaub ist jedenfalls klar: Egal, was passiert, meine Eltern werden sich schon kümmern. Als erwachsener Mensch mit leichtem Kontrollzwang und einer Neigung zum Perfektionismus vergisst man über den ganzen Sorgen und Verpflichtungen ja gerne mal, wie sich das anfühlt. Es ist, als hätte jemand sechs Wochen Sommerferien in ein Glas gesteckt und den Deckel geöffnet. Die Entspannung kriecht mir in die Glieder und entknotet die Schleifen in meinem Kopf. Nach ein paar Nächten knirsche ich nicht mal mehr mit den Zähnen.

Als ich zwei Wochen später alleine im Flieger nach Berlin sitze, fühle ich mich unbesiegbar. Vor allem, seit wir das schwere Gewitter unter uns gelassen haben.

Es ist bekannterweise so, dass man am verwundbarsten ist, wenn man nicht mit einem Angriff rechnet. Das hat vermutlich mit einer gewissen Grundspannung zu tun, die nötig ist, um sich angemessen zu verteidigen. Eine schlafende Maus hat gegenüber einer Katze schlechte Karten, aber ich bin nicht mal eine Maus, ich bin ein Pudding.

Als ich zu Hause den Briefkasten öffne, regnet es weiße Briefumschläge. Die länglichen mit Fenster und Stempel, was nie etwas Gutes bedeutet. Ich erzähle ihnen einen Witz, in der Hoffnung, dass sie sich vor Lachen wegschmeißen, aber offenbar haben wir einen unterschiedlichen Humor. Also lasse ich sie erst mal einen Tag liegen. Leider sind schlechte Nachrichten auch dann noch da, wenn der Briefumschlag geschlossen ist und man sie nicht sehen kann.

Am nächsten Morgen nehme ich den Stapel in Angriff. Es stellt sich heraus, dass die Bank mir seit zehn Tagen täglich Dokumente meiner Unzulänglichkeit schickt und detailverliebt auflistet, welche Lastschriften alle nicht beglichen werden konnten. Darunter steht mit unsichtbarer Tinte: *30 Jahre, Konto nicht gedeckt, letzte Beziehung gescheitert, keine Rücklagen. Nur Rückschläge.*

Die Panik wirft mich fast um.

Plötzlich kommt mir meine ganze Puddinghaftigkeit lächerlich vor. Habe ich wirklich gedacht, ich würde dem Ernst des Lebens entkommen, indem ich zwei Wochen Urlaub mit meinen Eltern mache? Was genau bringen mir jetzt meine gebräunte Haut, mein neues Kleid, der Sand in meinem Rucksack?

Zwei Tage bollert mein Herz wie ein Kachelofen. Dann halte ich es nicht mehr aus und rufe meine Mutter an. Ich bin vor Scham so klein, dass ich beinahe in das Lautsprecherloch des Telefonhörers falle. Und daran ändert sich auch nichts, als die Überweisung auf dem Weg ist. Dieses Mal, das spüre ich, geht es ums Ganze. Das hier ist beschissene, pure Existenzangst.

Weil ich mein Leben nicht in den Griff bekomme. Weil ich mit 30 noch von meinen Eltern abhängig bin. Weil ich einiges ändern muss und genau das gerade nicht kann. Außerdem bin ich unheimlich desillusioniert. Es fühlt sich an, als würde sich alles ständig wiederholen, im Job, im Privatleben, jeden Tag. Wenn es so weitergeht, werde ich noch jahrelang für schlecht bezahlte Projekte arbeiten, die gut für den Lebenslauf sind, und dann einfach sterben. Kurz: Ich bin an einem Punkt, an dem mir das Leben nicht mehr passt. Und weil es so eng ist wie ein eingelaufenes T-Shirt, habe ich keine Ahnung, wie ich es je wieder ausziehen soll.

Wochenlang bin ich wie gelähmt. Ich gehe weiter zur Arbeit, ich funktioniere, ich bin eine Maschine. Dann verschwindet die Angst. Dafür spüre ich gar nichts mehr.

25

Beim Duschen kurz erschrocken,
weil mir jemand ans Knie gefasst hat.
War dann aber doch nur ich selber.

26

Für jemanden, der sich die Welt vor allem durch Gefühle erschließt, ist es ein Schock, wenn sie plötzlich nicht mehr da sind. Die ganze Palette an Emotionen, die vorher in den buntesten Farben leuchteten, Karmesinrot, Königsblau, Grasgrün, mit unzähligen Schattierungen und Intensitäten, verschwimmt zu einer einzigen braunen Soße, dreckig, stumpf, gleichförmig. Es ist, als müsste ein Blinder ein Gesicht ertasten, ohne seine Hände zu Hilfe nehmen zu dürfen. Man tappt sprichwörtlich im Dunkeln.

Als das erste Mal das Licht ausgeht, sitze ich im Zug. Hinter mir liegt ein glückliches Wochenende, vor mir eine unbestimmte Zukunft; ich fühle mich immer noch merkwürdig verloren und bin auf der Suche nach meinem Platz in der Welt, obwohl ich ja bereits einen habe.

All die Fragen über den Sinn des Lebens führen allerdings nur dazu, dass ich irgendwann verzweifle. Entweder stelle ich fest, dass das Leben durchaus einen Sinn hat, ich aber wenig sinnstiftend lebe. Oder ich stelle fest, dass das Leben keinen Sinn hat und ich theoretisch den ganzen Tag machen könnte, was ich will, aber praktisch im Alltag gefangen bin und mich nicht traue, daraus auszubrechen.

Fast jede Nacht schaue ich Weltraumdokus, weil ich nicht einschlafen kann. Reise zu den Sternen. Der Urknall. Wie ein Sonnensystem im Weltall entsteht. Auf den Sendern, die rund um die Uhr Nachrichten in Kriechtiteln über den Bildschirm schicken, läuft immer entweder was über Hitler oder den Weltraum. Henry bevorzugt den angeblich beruhigenden Effekt von Hitlerdokus, der aber ja nur dadurch entsteht, dass der Protagonist schon tot ist. Der Weltraum schert sich nicht um derart irdische Dinge. Er kennt keine Moral, keine Gefühle, keine Kriege – »Krieg der Sterne« ist nicht umsonst eine menschliche Erfindung –, im All existieren nur Materie und Energie: Planeten, Sterne, Galaxien. Die unendliche Weite des Universums ist ein wohltuender Gegensatz zu meinen Gedanken, die auf engem Raum ihre Kreise ziehen. Außerdem fühle ich mich angesichts der unermesslichen Größe des Universums winzig klein und unbedeutend, aber auf eine gute Art. Wie lächerlich sind meine Probleme, wie kurz ein Menschenleben, wie unbedeutend meine Existenz!

In den letzten Tagen habe ich ausnahmsweise mal keine Zeit zum Nachdenken gehabt. Sie waren zum Bersten voll mit neuen Bekanntschaften, Aktivitäten und Gefühlen. Seit einiger Zeit habe ich eine Fernbeziehung und pendele regelmäßig von Berlin nach Hamburg und zurück. Es ist eine Sache, sich nach und nach an einen noch halb fremden Menschen zu gewöhnen, aber eine andere, wenn man sich nur alle zwei Wochen sieht und dann gleich mehrere Tage am Stück miteinander verbringt. Aus zwei Städten, zwei Wohnungen, zwei Betten wird urknallmäßig eine Beziehung, ein Leben, ein Universum. Und in dem will ich mich natürlich unbedingt von meiner besten Seite präsentieren. Was ist, wenn seine Freunde mich nicht mögen? Hat er schon eine Geste an mir entdeckt, die er hasst? Und wann kann ich endlich mal wieder ungestört in der Nase bohren?

So leicht und beschwingt unsere gemeinsamen Wochenenden auch sind, so angestrengt versuche ich, die Person zu sein, von der ich glaube, dass sie ihm besonders gut gefällt. Meine schlechten Eigenschaften liegen in einer Schachtel ganz hinten unter dem Bett, die ich erst wieder rauskrame, wenn ich allein bin. Ich will unbedingt perfekt sein. Aber das realisiere ich erst viel später.

Im Zug, dieser beschleunigten Zwischenwelt, noch nicht ganz weg, aber auch noch nicht ganz da, fällt die Anspannung stückchenweise von mir ab. Ludwigslust, Karstädt, Wittenberge. Loslassen, durchatmen, auftanken. Endlich kann ich wieder ganz ich selbst sein. Aber wer bin ich überhaupt? Ab und zu stelle ich mir diese Frage, wenn ich in den Spiegel schaue und mir seltsam fremd vorkomme. Jetzt schaue ich nach draußen, wo die Landschaft an mir vorüberfliegt, Bäume, Wiesen, Rehe – Rehe! –, und spüre: nichts. Das ist neu. Ich spüre immer irgendwas, Freude, Wut, Trauer, Glück. Emotionen sind bisher keine Option gewesen, sondern eine Selbstverständlichkeit. Was ist hier los? Ich grabe ein bisschen tiefer, in der Hoffnung, wenigstens auf ein Minigefühl zu stoßen, nur um zu merken, dass ich nicht mal mehr weiß, was das überhaupt sein könnte. Als hätte irgendjemand den Haupthahn zugedreht. Da kommt gar nichts mehr, kein warmes Wasser, kein kaltes Wasser. Ich bin innendrin null. Ein Scheißgefühl, aber ich fühle ja nichts.

In den Tagen darauf schlafwandele ich wie ein Zombie durch die Gegend. Mir geht's gut, und dir? Nein, ich habe es leider nicht kleiner. Zwei Flaschen von dem guten Grauburgunder, bitte. Ich bin die Nachbarin, hier müsste ein Päckchen für mich angekommen sein. Ich erledige, was zu erledigen ist, kleine, normale Alltagsdinge, ohne den Hauch einer Regung. 30 Jahre lang war ich immer optimistisch, dem Leben zugewandt, und wenn es gerade nicht so gut lief, trieb mich zumindest die Vorfreude an. Abends der Gedanke an die erste Zigarette nach dem Aufstehen. Montags der Gedanke ans Wochenende. Im Januar der Gedanke an den Frühling. Doch auf einmal ist alles anders. Dass ich gerade frisch verliebt bin? Egal. Dass die Sonne scheint? Egal. Dass ich mich irgendwann wieder besser fühlen werde? Ausgeschlossen.

Letzteres ist der gravierendste Unterschied zu dem Leben, das ich bisher geführt habe. Normalerweise weiß ich an schlechten Tagen, dass auch wieder gute kommen. Nur so lassen sich schlechte Tage ja überhaupt erst ertragen. Keine Frau würde Regelschmerzen überleben, wenn sie nicht wüsste, dass es bald wieder vorbei ist. Dieses Mal bin ich sicher, dass das jetzt so bleibt, für immer. Denn um zuversichtlich in die Zukunft zu schauen, auch wenn die Gegenwart gerade unerträglich ist, braucht man Hoffnung. Hoffnung ist ein Gefühl. Ich habe aber gerade keine Gefühle. Ein Teufelskreis. Es ist, als wäre ich im falschen Film, im falschen Leben. Als wäre ich nicht echt.

Dr. Goldberg wird das später eine »depressive Episode« nennen; es ist die erste von dreien, immer im Abstand von ein paar Wochen. Er erklärt mir, dass mein Körper mich schützt, wenn die Ängste zu groß werden. Oder die Ansprüche an mich selbst. Wie bei einem Stromausfall: Überhitzung, zack, dunkel. Man könnte auch sagen: Ich bin ein Stern, der in einer Supernova explodiert und seine äußeren Schichten abwirft. Der Rest kollabiert und wird auf winzigstem Raum zusammengepresst, woraufhin ein schwarzes Loch entsteht, das kein Licht mehr entkommen lässt.

Abblende.

27

»Was liest du da?«, fragt die Angst.

»Eckhart Tolle«, sage ich.

Die Angst lässt ihre *Bild*-Zeitung sinken und betrachtet mit schmalen Augen das Buch in meinen Händen.

»›Jetzt! Die Kraft der Gegenwart.‹ Ist das wieder so ein Esokram?«

»Nenn es, wie du willst«, sage ich. »Ich bevorzuge den Ausdruck *spirituell*.«

»Hm«, macht die Angst zweifelnd. »Sieht jedenfalls aus wie so ein Selbsthilfebuch. Schlimmes Cover.«

»Ja, ich weiß. Aber Henry liegt mir seit sieben Jahren damit in den Ohren, dass ich das unbedingt lesen muss. Ich dachte, es wäre mal an der Zeit.«

»Und was schreibt dieser Eckhart Tolle so?«

»Also, das ist ziemlich spannend. Offenbar hatte

er bis zu seinem 30. Lebensjahr Ängste und Depressionen, und irgendwann wachte er nachts auf und dachte: ›Ich kann mit mir selbst nicht weiterleben.‹«

»Ist er zwei Personen, oder was?«

»Der Gedanke kam ihm dann auch.«

»Naheliegend«, sagt die Angst unbeeindruckt.

»Vielleicht. Aber rate, was er daraus folgerte.«

»Dass er verrückt ist?«, fragt die Angst.

»Nein«, sage ich und mache eine Kunstpause. »Dass nur eine von beiden Personen wirklich ist.«

»Quark«, sagt die Angst und verschwindet wieder hinter ihrer Zeitung.

»Wundert mich nicht, dass du das so siehst«, murmle ich.

»Was?«, fragt die Angst.

»Willst du auch noch nen Kaffee?«, frage ich etwas lauter.

»Ja, gern.«

Während das Wasser kocht, widmen wir uns einige Minuten unserer jeweiligen Lektüre.

»Hör dir das mal an«, sage ich. »Tolle schreibt sogar über dich!«

»Ach ja?«, fragt die Angst interessiert.

»Er sagt, jeder, der mit seinem Verstand identifiziert ist, hat die Angst als ständigen Begleiter.«

»Damit wäre also bewiesen, dass du meinetwegen so schlau bist«, sagt die Angst.

»Es geht nicht um Verstand im Sinn von Intelligenz«, sage ich. »Achtung, ich zitiere: ›Angst hat immer mit etwas zu tun, das passieren könnte, nicht mit etwas, das gerade geschieht. Du bist im Hier und Jetzt, während dein Verstand in der Zukunft ist. Dadurch entsteht eine Lücke, die sich mit Angst und Sorge füllt.‹«

»Frechheit!«, ruft die Angst. »Der hat mein Spiel geklaut! ›Was wäre, wenn?‹ ist meine Erfindung.« Und murrend: »Ich wollte es ja patentieren lassen, damals. War aber zu teuer.«

»Na ja«, sage ich. »Tolle schreibt jedenfalls, man soll sich von der Identifikation mit dem Verstand lösen. Dann wird man erleuchtet.«

»Schreibt er auch, wie das Wetter morgen wird?«, fragt die Angst. Sie schwingt einen imaginären Zauberstab. »Hokus Pokus Horoskopus! Donner, Blitz, Erleuchtung!«

»Gleich knallt's«, sage ich. »Aber nicht am Himmel.«

»Uh, jetzt hab ich aber Angst«, sagt die Angst.

Ich unterdrücke ein hysterisches Kichern. Wenn die Angst Angst haben kann, kann die Welt dann auch an Weltschmerz leiden?

Wenn ich das jedenfalls richtig verstehe, gibt es laut Eckhart Tolle nicht nur das *Sein* (die Erkenntnis »Ich bin«, bevor man sagt: »Ich bin dies oder ich bin das«), sondern auch das *Ego*. Letzteres ist ein falsches Selbst, erschaffen durch unbewusste Identifikation mit dem Verstand. So weit, so logisch. Genau damit arbeitet schließlich die Meditation, man stellt die sich immer weiterdrehende Gedankenspirale endlich mal ab. Oder versucht es zumindest. Aber Tolle schreibt noch mehr.

»Genauer gesagt ist es nicht so, dass du deinen Verstand falsch gebrauchst – du gebrauchst ihn normalerweise überhaupt nicht. Er gebraucht dich. Das ist die Krankheit. Du hältst dich für deinen Verstand. Das ist die Wahnidee. Das Instrument hat die Macht über dich gewonnen.«

Ich fange an zu schwitzen und betrachte die Angst, die eine halbe Zuckerpackung in ihren Kaffee schüttet und ausdauernd den Löffel kreisen lässt, obwohl sie weiß, wie sehr ich das hasse.

Das Instrument hat die Macht über dich gewonnen.

Fuck, Tolle hat recht.

»Reich mir bitte mal den Bergkäse«, sagt das Instrument und streckt die Hand aus, während es mit der anderen weiter in der Zeitung blättert. Ich bin nicht in der Lage zu reagieren, es fühlt sich an, als säße ich unter einer Glaskuppel.

Das Instrument hat die Macht über dich gewonnen.

»Hallo?« Das Instrument schaut mir prüfend ins Gesicht. »Alles okay?«

»Sicher«, sage ich und schüttle gleichzeitig meinen Kopf. »Was soll sein?«

»Na, du guckst, als hättest du einen Geist gesehen.«

»Vielleicht wurde ich ja gerade erleuchtet«, schlage ich vor.

»Oh Mann«, sagt die Angst. »Liest du immer noch in diesem Buch? Ich weiß nicht, ob das so gesund für dich ist. Nachher kommst du noch auf komische Ideen und –«

Ich haue mit der Faust auf den Tisch, dass die Gläser hüpfen.

»Hör endlich auf, dich ständig in mein Leben einzumischen!«, rufe ich. »Du bist nicht ich!«

Ich schnappe mir das Buch, stehe auf und stürme aus der Küche. Bevor die Tür zuknallt, höre ich noch, wie die Angst etwas sagt, mit einer trotzigen Kinderstimme.

»Müllers Esel, das bist du.«

28

Tagebuch, Kloster Wennigsen

TAG 1

Den Zug nach Hannover erreiche ich gerade so, weil der Bus im Berufsverkehr feststeckt und ewig bis zum Hauptbahnhof braucht. Ich habe Herzklopfen vor lauter Stress, dabei will ich genau den loswerden. Eine Woche Kloster, ohne Handy, ohne Laptop, ohne Schminke, nur mit einem Koffer voller Bücher. Entschleunigung, Selbstfindung, Depression abschütteln. Schon im Zug fange ich an zu heulen. Einfach nur, weil ich dankbar bin, dass jetzt erst mal nichts mehr von mir erwartet wird.

Das Kloster sieht aus wie das Landhaus, in dem ich später mal wohnen möchte. Gebohnerte Dielen und Kronleuchter im Flur, alte Schränke in der Gemeinschaftsküche, der Garten eine Oase, selbst im November. Aus dem Keller riecht es nach Äpfeln, wie bei meiner Oma. Alles ist ruhig, die Sonne malt Muster auf die Dielen, ich muss unbedingt Fotos machen! Aber nicht heute.

Mittags bekommen die neuen Gäste eine Einführung in die Meditation. Oder, wie das hier genannt wird: Herzensgebet. Als ich auf dem kleinen Holzhocker sitzknie, spüre ich erst, wie verspannt ich bin. Ich kann nicht mal tief einatmen. Überall knackt es: im Nacken, an den Füßen, am Steißbein. Ich habe einen Körper. Das hatte ich in letzter Zeit irgendwie vergessen. Vor dem Meditationsraum steht eine fein gearbeitete Marienstatue, am Boden liegen rosa Blumen. Ich muss schon wieder fast weinen, weil alles so schön ist hier. Gehe schnell aufs Zimmer und schlafe eine Stunde lang wie ein Stein.

Um 19.30 Uhr Meditation in großer Runde. Inklusive gemeinsamer Taizé-Gesänge, Gong und Kerzen. Verrückt, wie lang eine Stunde dauern kann – und gleichzeitig auch so kurz. Ich habe meine Armbanduhr in Berlin vergessen und nur einen Wecker dabei, bei dem der Sekundenzeiger hängt. So fühlt sich auch die Zeit an: Sie vergeht, aber nicht in diesem schnellen Stakkato. Ab und zu höre ich mein Handy phantomklingeln.

TAG 2

Ich wache um neun auf und habe die Meditation verschlafen. Wecker kaputt. Die elektrische Zahnbürste geht nach dem Putzen von alleine wieder an. Entweder spukt es hier, oder das Kloster wehrt sich mit aller Kraft gegen technische Geräte. Also Ruhe. Ich drehe die Heizung hoch und setze mich mit Tee, Obst und Buch in den Sessel am Fenster. Der Tag liegt vor mir wie ein leeres Beet, und niemand hat vor, heute noch einen Baum zu pflanzen. Ein ungewohntes Gefühl. Normalerweise klingelt es ständig irgendwo: Handy, Festnetz, Tür. Oder irgendwelche Nachrichten ploppen auf: Facebook, Twitter, drei verschiedene Mailprogramme. Aus Gewohnheit schaue ich auch hier immer wieder auf die Uhr, wie um mir zu versichern, dass die Zeit vergeht. Doch die Zeiger stehen still.

Mittags kaufe ich einen neuen Wecker. Danach: schlafen. Vielleicht bin ich Dornröschen. Um

18 Uhr gehe ich zur Abendandacht. Gebete, Gesänge, das Vaterunser. Zeilen wie »Lege alles in Gottes Hände, vertraue ihm, er wird es schon richten« bringen mich schon wieder fast zum Weinen, aus lauter Dankbarkeit, dass ich mich nicht kümmern muss. Ich muss nichts. Nichts tun, nichts darstellen, nicht funktionieren. Zum ersten Mal seit Langem empfinde ich keine Häme gegenüber der Religion. Nicht diese Arroganz, dass ja jeder glauben kann, was er will, aber. Hier gibt es kein Aber. Und es geht zum ersten Mal überhaupt nicht um die Frage, ob Gott existiert und inwieweit seine (Nicht-)Existenz den Glauben an ihn rechtfertigt. Es reicht, dass mir jemand sagt: »Und Gott möge uns Einsichten in diesen Tag schenken und uns einen ruhigen Abend bescheren« – zack, bin ich gerührt und dankbar. Komplett neue Erfahrung. Als hätte ich mein Gehirn aus- und mein Gefühl eingeschaltet. Ich reflektiere nicht, ich lasse geschehen.

Auch bei der Meditation lasse ich die Gedanken vorbeiziehen, zumindest versuche ich es. Das ist schwer, normalerweise schaue ich sie an und gebe ihnen Raum und drehe sie von links nach rechts und sortiere sie neu. Da ist immer so viel los in meinem

Kopf. So laut alles, dass es mir in den Ohren klingelt. Mit dem Tinnitus muss ich auch hier leben, durch die Stille fällt er erst recht auf. Ist aber gar nicht so schlimm, könnte auch das Pfeifen der Heizung sein. Mein Rücken ist irre verspannt, als würde ich das erst hier so richtig zulassen. Das Bett hart wie eine Pritsche. Immer noch Zähneknirschen, unruhiger Schlaf. Aber im Kopf verändert sich was.

Nach der Abendandacht plaudere ich mit zwei älteren Frauen. Die eine hat Kinder in meinem Alter, ihre Tochter hat ihr vor Kurzem gestanden, dass sie Alkoholikerin ist. »Scheiße«, sage ich und das Wort hallt durch den Flur, sodass ich kurz erschrecke. Darf man hier so was überhaupt sagen? »Ja, Scheiße«, erwidert die Frau.

TAG 3

Ich kann nicht behaupten, dass das Meditieren funktioniert, immer wieder muss ich Gedanken wegschieben, die es sich bei mir gemütlich machen. Genau wie zu Hause fühle ich mich morgens wie gerädert. Aber das Meditieren ist ein guter Start in den Tag. Die Gedanken kommen zur

Ruhe, mein verspannter Körper entfaltet sich, tut erst noch mehr weh, dann wird es besser.

Danach Tee trinken, Frühstück, lesen. Ein *GEO-Kompakt*-Heft, »Wege aus dem Stress«. Es geht um Burn-out, Ängste, Depressionen. Ich fühle mich unruhig beim Lesen, die Informationen sind nicht neu für mich, Lösungen gibt es keine – außer: Meditation, autogenes Training, Yoga. Außerdem fühlt es sich zu sehr nach Beruf an, ich lese lieber im Roman weiter.

Nach dem Mittagsschlaf dusche ich. Das Licht im Bad ist ungnädig, ich betrachte meinen Körper. Meine Ansprüche an ihn sind in den letzten Jahren rapide gesunken, funktionieren soll er bitte, der Rest ist zweitrangig. In der Pubertät wollte ich erstens dünn sein und zweitens anders. Meine Besessenheit ging so weit, dass ich abends im Bett lag und von einer Fee fantasierte, die mir sämtliche Änderungswünsche erfüllt. Einer ging so: Alle meine Leberflecken sollten bitte an eine Stelle gezaubert werden, wo man sie nicht sieht, nämlich auf die Fußsohlen. Erst Jahre später fiel mir auf, wie bescheuert diese Idee war. Abgesehen davon, dass die Unterseiten der Füße durchaus manchmal zu sehen sind – warum hatte ich mir nicht einfach gewünscht, dass die Leberflecken ganz verschwinden, wohin auch immer? Die Geschichte ist mir immer noch peinlich, aber auch symptomatisch dafür, wie ich mich verhalte. Ich mache sogar bei meinen Träumen Kompromisse. Eins wird mir jedenfalls klar, als ich in den Spiegel schaue: Ich will stark sein. In mir ruhen, meine Körpermitte spüren. Fühlen, wie meine Muskeln arbeiten, wenn ich mich bewege. Ich nehme mir vor, in Zukunft regelmäßig Yoga zu machen.

Später gehe ich raus, ich habe Lust auf ein Stück Kuchen. In der Konditorei bestelle ich Käse-Mohn und einen Cappuccino. Die Sitzbänke sind mit dunkelgrünem Samt bezogen, an der Decke hängen Lampen, die aussehen wie sehr große Teeeier. Die Besucher sind hauptsächlich alte Menschen, die Kaffee in Kännchen und überdimensionale Tortenstücke bestellen und ihre Steppjacken an die Garderobe hängen, bevor sie, teilweise mit Stock, zum Tisch gehen. Die Atmosphäre gefällt mir, manche der alten Gäste wirken gelöster als die jungen. Schräg vor mir sitzt eine alte Frau vor zwei riesigen Tortenstücken.

Mit Sahne. Gabel für Gabel schaufelt sie den Kuchen in ihren kleinen, ausgemergelten Körper. »Schmeckt's?«, fragt die Bedienung. »Ja. Die Tochter ist nicht gekommen, deshalb ...«, sagt die alte Frau. Sie beendet den Satz nicht.

Danach ein Spaziergang Richtung Wald, durch den Matsch. Ich atme Landluft und wünsche mir, einen Kuhstall auszumisten.

Zurück im Kloster, höre ich Orgelmusik aus der Kirche. Ich gehe auf die Empore und werde dermaßen von der Musik erfasst, dass ich meine Tränen gerade so runterschlucken kann. Näher am Wasser gebaut als ich ist allerhöchstens ein Steg.

Um 19 Uhr ist Gottesdienst. Buß- und Bettag. Ich sitze nicht am Rand und verspüre zum ersten Mal, seit ich im Kloster bin, wieder Angst. Eine Stunde sitzen müssen, aufstehen und rausgehen geht nicht, was sollen sonst die Leute denken! Eben das Übliche. Ich merke ganz deutlich, wie die Angst sich in meinem Bauch ausbreitet, ihn verkrampft. Ich bekomme Herzklopfen und kalte, schwitzige Hände. Versuche, mich ganz auf mich zu konzentrieren, wie bei der Meditation. Mein Bauch: ein warmer Ball. Meine Haltung: aufrecht. Meine Gedanken: ganz bei mir, ganz bei der Situation, bei den Worten des Pfarrers. Trotzdem flammt die Angst immer wieder auf. Mittlerweile bin ich sicher, dass sie hauptsächlich daher kommt, dass ich mich vor Beurteilung fürchte. Selbst in der Kirche denke ich, dass mich die Leute in der Reihe hinter mir beobachten, mich abschätzig mustern, mich beurteilen. Ich habe Angst vor einem Angriff – und will flüchten. Dr. Goldberg sagt immer: Stellen Sie sich vor, was im schlimmsten Fall passieren könnte. Sie übergeben sich, fallen in Ohnmacht, blamieren sich – in Ihren Augen –, na und? Sie leben danach weiter. Im Kopf kam das alles bei mir an, aber gefühlsmäßig nicht.

Abends beende ich das dritte Buch. Was jetzt? Zum ersten Mal, seit ich hier bin, fällt mir die Decke auf den Kopf. Drei-Tage-Koller. Würde mich gern ablenken; zum Glück geht es nicht.

TAG 4

Um 14.30 Uhr gehe ich zur Supervisionssitzung mit Frau M. Ich erzähle ihr von meinem Wunsch, Verantwortung abzugeben. Von meinem Wunsch nach finanzieller Sicherheit. Dass mir alles zu viel wurde. Dass ich nicht weiß, was ich will. Mein Perfektionismus. Der Vergleich mit anderen. »Aus jeder Sackgasse gibt es immer einen Weg hinaus«, sagt sie. »Man muss ihn nur finden.« Und dass ich mit Dankbarkeit alles bekämpfen könnte. Sogar meine Ängste. Ich bin immer noch ratlos.

TAG 5

Ich wache jede Nacht um Viertel nach drei auf. Muss zu Hause googeln, was das bedeutet. Von Waffen geträumt, langen U-Bahn-Fahrten durch die Berliner Nacht, anstrengenden Leuten. Einer hat es in Schöneberg auf der Straße nicht ausgehalten, dass zwei andere wunderschöne Musik gemacht haben, und sein Scheißradio ganz laut aufgedreht. Bei der Morgenmeditation bemerkt, wie negative Gedanken sich direkt auf die Atmung auswirken. Memo: zu Hause darauf achten, ob mein Bauch eigentlich dauerhaft angespannt ist. Bei der Abendandacht kann ich mich nicht so richtig auf die Gebete und Lieder einlassen, mein alter Widerwille gegen Religion ist wieder da. Ich spüre mein Herz klopfen und meinen angespannten Bauch. Unruhe. Noch zwei Tage, dann fahre ich wieder nach Berlin. Ich bin mir nicht sicher, welche Erkenntnisse ich mitnehme, ob ich wenigstens die Ruhe in den Alltag hinüberretten kann.

Abends Buch Nr. 5 beendet: »Als wir unsterblich waren« von Charlotte Roth. Erster Weltkrieg, Zweiter Weltkrieg, DDR, Mord, Hass, Grausamkeit. Kopf voll jetzt. Und: Meine Probleme sind Pipikram. Luxusgejammer. Irgendwie gut – wenn es sich doch nur auch so anfühlen würde. Masterplan entworfen. Meine Baustellen: Beruf und Gesundheit. Dankbarkeit, dass alles andere so gut läuft. Muss versuchen, mir das zu erhalten. Fokus auf das Positive.

In irgendeinem Ratgeber habe ich mal gelesen: Was man sich wünscht, wird wahr. Allerdings auch, wenn die Wünsche gar keine Wünsche sind, sondern negative Gedanken. Das finde ich schlimm. Ist der Körper, das Hirn, die Seele – ist also Was-auch-immer wirklich zu dumm, einen Wunsch von einer Angst oder Sorge zu unterscheiden? Im Kundendienst würde so jemand jedenfalls nicht eingestellt.

TAG 6

Beim Mittagsschlaf von Situationen geträumt, in denen ich mich blamiere. Bei einem klassischen Konzert will ich früher gehen und bekomme den Deckel einer riesigen Thermoskanne nicht zu, dann dröhnt laute Musik aus meinem Rucksack.

Nach der Abendandacht wilde Entschlossenheit, schon morgen früh nach Berlin zu fahren. Ich habe Sehnsucht nach meiner Wohnung, meinem Freund, meinem Leben.

29

»Nein«, sagt die Frau Ende zwanzig, die aussieht, als würde sie in einer Agentur arbeiten, roter Lippenstift, Monsterschal, weiße Turnschuhe, und blickt von ihrem Handy auf. »Ehrlich gesagt möchte ich das nicht.«

Das »Nein« fließt über den Boden wie der Inhalt einer umgekippten Bierflasche, steigt zwischen den dicht an dicht stehenden Fahrgästen empor und ping-pongt über die riesigen Buchstaben an den Fensterscheiben: Weine nicht, wenn der Regen fällt, Tram Tram.

Der Frau vor ihr fällt das Gesicht herunter. Gerade noch hat sie sich durch das Abteil geschlängelt, die Handtasche entdeckt, die die Monsterschalfrau neben sich abgestellt hat, und die übliche rhetorische Frage gestellt: »Darf ich mich da bitte hinsetzen?«

Und jetzt also: »Nein.«

Bam bam, Bam bam.

Weil die Monsterschalfrau das mit dem Gesicht bemerkt und alle gucken, schiebt sie schnell hinterher: »Das ist ein Platz für eine Person, zu zweit ist mir das zu eng.«

Die andere Frau schafft es gerade noch, ihr Gesicht aufzufangen, bevor es auf dem klebrigen Boden zerschellt, nimmt es lächelnd wieder in Betrieb und sagt entschuldigend: »Ah, okay. Das hab ich nicht gesehen.« Während die anderen Fahrgäste kollektiv ausatmen und sich den Dingen zuwenden, die sie vorher getan haben, sitze ich im Vierer nebenan und denke: Das hätte ich mich nie getraut. Obwohl das »Nein« durchaus seine Berechtigung hatte – die etwas breiteren Sitzplätze in der Tram sind tatsächlich nur für eine Person gedacht oder für ein Paar, das gerne Oberschenkelkontakt hat –, muss man schließlich den Moment aushalten können, in dem die Person gegenüber kurz zusammenzuckt, weil sie zurückgewiesen wurde. Dieser Moment kann sich sehr lang anfühlen.

Ich sortiere erst mal meine Gefühle. Da ist Neid, da ist Bewunderung, und da ist auch eine Stimme in meinem Kopf, die sagt: »So verhält man sich nicht, das ist unhöflich.« Bei einer Runde »Was wäre, wenn?« überlege ich, wie ich an Stelle der Monsterschalfrau reagiert hätte. Möglichkeit eins: Tasche nehmen und so weit wie möglich ans Fenster rücken, um Platz zu machen. Möglichkeit zwei: aufstehen und den kompletten Sitzplatz anbieten, weil ich »eh gleich rausmuss«, auch wenn das nicht der Wahrheit entspricht. Möglichkeit drei: freundlich Klartext reden. »Tut mir leid, aber der Sitz ist nur für eine Person.« Dabei ein entschuldigendes Gesicht machen, lächeln und sich trotzdem schlecht fühlen.

Was stimmt nicht mit mir?

30

»Sie sind genau richtig so, wie Sie sind«, sagt Dr. Goldberg. »Aber das ist doch mal ein schöner Anlass, um über Grenzen zu sprechen.« Er schlägt die Beine übereinander und grinst.

Natürlich weiß Dr. Goldberg ganz genau, wo meine Schwachstellen sind, aber anstatt mit dem Finger in der Wunde rumzubohren, guckt er erst mal aus angemessener Entfernung drauf und wartet ab, bis ich selbst so weit bin, das Pflaster abzupulen. Das rechne ich ihm hoch an. Außerdem mag er meine Metaphern.

Grenzen also. Ich muss an die Schildkrötentage denken, an denen ich einen natürlichen Abstand zum Rest der Welt habe, und daran, wie rar sie sind. Ich seufze.

»Im Grenzensetzen bin ich schlecht, fürchte ich.«

»Ach! Wie kommen Sie denn darauf?«

Wir wissen beide, dass er das ironisch meint.

»Zum Beispiel dieser Text, an dem ich zuletzt gearbeitet habe. Erst fand meine Redakteurin ihn ganz toll. Und plötzlich will sie ihn um die Hälfte kürzen und alle Witze rausstreichen. Das war so nicht abgemacht. Ich bin echt sauer.«

»Kann ich verstehen. Und, wie haben Sie reagiert?«

»Am liebsten hätte ich ihr direkt eine wütende Mail geschrieben.«

»Haben Sie aber nicht.«

»Nein.«

»Und warum nicht?«

»Solange ich das Gefühl habe, eine wütende Mail schreiben zu wollen, schreibe ich keine Mail.«

»Sie warten ab, bis der Ärger verraucht ist.«

»Genau.«

»Warum?«

»Weil ich Angst davor habe, dass ich überreagiere und etwas schreibe, das ich später bereue. Und ich will auf keinen Fall, dass meine Redakteurin sauer auf mich ist.«

»Aber Sie sind doch sauer auf sie!«

»Ja, aber das weiß sie ja bisher nicht.«

Das Verrückte ist, dass ich die rhetorischen Tricks von Dr. Goldberg erkenne und sie trotzdem wirken. Es ist, als würde ich ein Gespräch mit jemandem führen, der alles ganz klar und deutlich sieht und schon das Ziel vor Augen hat, während ich im Nebel herumeiere, und dann leitet er mich ganz behutsam an, wie ich da jetzt am besten rausfinde – weiter rechts, genau, und jetzt immer geradeaus. Ich bin Gretel im Gedankenwald, er ist Hänsel, der eine Spur aus kleinen weißen Steinen legt. Trotzdem fühlt es sich danach jedes Mal so an, als hätte ich den Weg ganz alleine gefunden.

»Ich fasse mal eben zusammen«, sagt Dr. Goldberg. »Sie sind sauer, wollen das aber nicht mitteilen, weil Sie Angst haben, dass Ihre Redakteurin dann sauer auf *Sie* ist.«

»Richtig.«

Das Lachen von Dr. Goldberg klingt eine Spur verzweifelt.

»Wie kommen Sie eigentlich darauf«, fragt er, »dass Ihre Redakteurin sauer reagieren könnte?«

»Na, ist doch klar. Sie will etwas, ich will etwas

anderes. Bestimmt denkt sie, ich sei so eine zickige Autorin mit Allüren. Ich hatte sogar schon versucht, eine Mail zu schreiben, bekam aber gleich beim ersten Satz Herzklopfen, weil ich mir vorgestellt habe, wie meine Redakteurin ihn liest. Wie sie aufgebracht ausatmet. Ich sehe das direkt vor mir.«

»Interessant. Ich wusste gar nicht, dass Sie hellsehen können.«

Ich scheitere an einem Lächeln.

Dr. Goldberg überlegt.

»Verstehe ich das richtig«, sagt er, »anstatt darüber nachzudenken, wie Sie am besten Ihr Anliegen formulieren können, stellen Sie sich direkt vor, wie das bei Ihrem Gegenüber ankommt. Sie machen quasi zwei Schritte auf einmal.«

»Vermutlich.«

»Sie wissen schon, dass Sie keinen Einfluss darauf haben, was andere fühlen, oder?«

»Na ja. Kommt drauf an, wie ich mich verhalte.«

»Vergessen Sie nicht, dass bei jeder zwischenmenschlichen Beziehung zwei Personen im Spiel sind. Sie können nicht kontrollieren, wie Ihr Gegenüber reagiert, egal wie sehr Sie sich bemühen.

Vielleicht hat die andere Person einfach einen schlechten Tag.«

»Genau deshalb versuche ich ja, so vorsichtig wie möglich zu sein.«

»Dann verfassen Sie doch mal eben mündlich die Mail. Zur Probe.«

»Hm. Sehr geehrte Frau Schnups ...« Ich stocke. Dr. Goldberg nickt aufmunternd.

»Sehr geehrte Frau Schnups, ich verstehe Ihre Einwände, aber es wäre mir lieber, wenn ...«

»Nein.«

»Nein?«

»Nein.«

»Okay. Sehr geehrte Frau Schnups, ich fände es schön ...«

»Nein, nein, nein!«, ruft Dr. Goldberg und wirft seine Hände in die Luft. »Frau Seyboldt! Versuchen Sie, Ihr Anliegen klarer zu formulieren. Kein ›würde‹, ›wäre‹, ›könnte‹.«

Er richtet sich in seinem Sessel auf. Als würde jemand den Schieber einer Zaubermaltafel betätigen, verschwindet sein freundliches, offenes Gesicht und zeigt stattdessen Ernsthaftigkeit in Reinform.

»Sehr geehrte Frau Schnups, ich bin nicht damit einverstanden, dass. Ich möchte nicht, dass. Ich finde es nicht in Ordnung, dass.«

Hilfe.

Ich bin nicht damit einverstanden, dass ich so kommunizieren soll. Ich möchte nicht, dass jemand schlecht von mir denkt. Ich finde es nicht in Ordnung, dass meine Redakteurin mir dieses Verhalten aufzwingt, indem sie meine Grenzen ignoriert.

Ich kann auf gar keinen Fall so deutlich sein. Jedenfalls nicht, wenn es um Kritik geht.

»Aber ist das nicht wahnsinnig unhöflich?«, frage ich.

»Ü-ber-haupt nicht!«, ruft Dr. Goldberg. »Sie sollen ja nicht schreiben: Hallo Frau Schnups, Sie gehen mir dermaßen auf den Zeiger! Nein, benutzen Sie einfach klare Formulierungen. Freundlich, aber bestimmt.«

»Aber wenn ich das mache ...«

»Dann stehen Sie für das ein, was Ihnen wichtig ist. Dann nimmt man Sie ernst. Dann werden Sie gehört.«

Ich schweige.

»Vielleicht«, sage ich dann, »hat meine Redakteurin aber ja recht.«

Dr. Goldberg lässt seinen Kopf in die Hände sinken und verharrt ein paar Sekunden reglos in dieser Position.

»Frau Seyboldt«, er blickt wieder auf, »was machen wir nur mit Ihnen?«

31

Wir machen natürlich weiter.

Mit der Zeit lerne ich auch, die Reaktionen meines Körpers richtig einzuordnen. Einmal sitze ich in der U-Bahn und bekomme Herzrasen und feuchte Hände. Na toll, denke ich, schon wieder eine Panikattacke. Dann fällt mir ein, dass ich am Abend vorher auf einer Party war. Was ich für die Angst hielt, ist nichts weiter als ein Kater, maunzend, aber absolut ungefährlich. Immer wieder erwische ich mich dabei, körperliche Vorgänge falsch einzuschätzen und darauf zu warten, dass die Angst um die nächste Ecke biegt. Dabei steckt meistens etwas ganz anderes dahinter. Mir ist übel? Regelschmerzen. Mir bricht der Schweiß aus? Hochsommer. Für jede schlechte Reaktion gibt es eine gute Erklärung.

Aber manchmal gibt es auch einfach schlechte

Tage. Dann ist es sogar unmöglich, mit einer guten Freundin entspannt im Café zu sitzen. Merles eichhörnchenbrauner Blick kontaktet brutal. Er dringt tief in mich ein und hält mich fest, wirft Anker aus, die sich in meinen Augen verfangen und mich am Blinzeln hindern, und auf einmal bin ich wieder Kind und spiele »Lachen verboten«, nur dass ich nicht mehr die bin, die zuerst lacht, sondern die, die zuerst wegguckt. Durchschnittlich 3,3 Sekunden dauert die bevorzugte Blickdauer eines Menschen, haben britische Forscher herausgefunden; unangenehm ist ein Blickkontakt, wenn er kürzer ist als eine Sekunde oder länger als neun Sekunden. Über die Intensität des Sich-Anguckens machen die Forscher allerdings keine Aussage.

Und Merle guckt in-ten-siv. Panik flutet meine Glieder. Was weiß Merle? Mustert sie meine Fältchen, meine Mimik, meine Gedanken? Vielleicht ist das gerade dieser Moment, den ich selbst schon oft erlebt habe: Urplötzlich sieht man jemanden, der einem nahe ist, mit anderen Augen. Was vorher nur ein aquarelliger Entwurf von einem Gesicht war, mehr Ausdruck als klare Linien, manifestiert sich in überdeutlichen Einzelteilen zu einer Karikatur in HD. Spöttische Lippen, ein dunkles Haar, das aus einem Muttermal wächst, fahle Haut. Vielleicht habe ich aber auch einfach nur Petersilie zwischen den Zähnen.

Viele Menschen, die an einer sozialen Phobie leiden, vermeiden Blickkontakt komplett. Das wiederum empfinde ich als merkwürdig unverbindlich, aber genauso wenig möchte ich mit Blicken festgenagelt werden. Die spielerische Variante, ein Wechsel aus Hin- und Weggucken, hat den Vorteil, dass man sie gar nicht erst bemerkt und sich stattdessen auf das Gespräch konzentrieren kann. Aber das hier ist ein Wettkampf, ein Angriff auf meine persönliche Freiheit. Weggucken heißt unterliegen.

Als mein Freund mich bei einem unserer ersten Treffen ausführlich fixierte, habe ich ihn übersprungsgeküsst, denn beim Küssen schließt man bekanntlich die Augen. Merle kann und will ich nicht küssen, also was tun? Aus diesem okularen Gefängnis komme ich nie wieder raus. Ich falle in Merles Pupillen, mein Mund formt Worte, die meine Ohren nicht hören können, ich bin nur noch Augen, die an Augen hängen, während sich Stühle, Tische, Menschen, Teller und Kaffeetassen im Hintergrund auflösen wie ein sich im Wasser spiegelnder Sonnenuntergang, der von einem flitschenden Stein zerstört wird. Mein Körper kriecht in Schlieren Richtung Boden und droht zu verschwimmen, und in letzter Minute reiße ich mich los, murmle eine Entschuldigung und haste zur Toilette, wo ich den Wasserhahn aufdrehe und mit einer Mischung aus Verwunderung und Verachtung die Frau im verschmierten Spiegel betrachte – *aber sonst hast du keine Probleme, Dramaqueen?* –, dann kehre ich zu unserem Tisch zurück und setze mich nicht wie zuvor auf meinen Platz gegenüber Merle, sondern neben sie auf die Bank.

»Mit dem Rücken zum Raum ist doof«, sage ich, als Merle fragend ihre Augenbrauen hebt. »Außerdem will ich Leute beobachten.«

Aber Merle ist nicht umsonst angehende Psychotherapeutin, und sie kennt mich schon lange.

»Panik?«, fragt sie nur.

Ich nicke und erzähle von meinen Fortschritten und Rückschlägen in den letzten Monaten. Merle findet mich ziemlich reflektiert.

»Es gibt nicht viele Menschen, die so mit der Angst umgehen können«, sagt sie.

»Aber warum ist sie dann immer noch da?«, frage ich.

»Weil du die Angst nur aushältst, anstatt sie zu akzeptieren und anzunehmen. Der nächste Schritt ist: Du musst lernen, sie zu lieben.«

Die Angst lieben, das ist doch verrückt.

»Genau das ist dein Problem«, sagt Merle. »Die Angst gehört zu dir. Und dass man sich selbst lieben soll, davon hast du doch schon mal gehört, oder?«

Klar. Aber wenn ich tief in mich reinhöre, will ich gar nicht, dass die Angst ein Teil von mir ist. Ich will sie loswerden, nach wie vor.

Kann ich die Angst tatsächlich lieben lernen?

32

»Was machst du da?«, fragt die Angst. »Löcher in die Luft gucken?«

»Ich beobachte meine Gedanken«, sage ich.

»Hast du wieder Eckhart Tolle gelesen?«, fragt die Angst mit einem verächtlichen Unterton in der Stimme, den ich zwar wahrnehme, aber an mir vorbeiziehen lasse wie eine Wolke, puff.

»Ja«, antworte ich ruhig. »Er schreibt nämlich, dass zwei Dinge passieren, wenn man einem Gedanken zuhört. Erstens wird man sich des Gedankens bewusst und zweitens seiner selbst, als Zeuge dieses Gedankens.«

»Das ist auf jeden Fall nützlich, falls man irgendwann vor Gericht gegen den Gedanken aussagen muss«, sagt die Angst.

»Es ist vor allem nützlich«, sage ich, »weil der Gedanke so die Macht über einen verliert.«

»Total unlogisch«, sagt die Angst. »Wenn ich in der Türkei lebe und mir andauernd das Geschwätz von Erdoğan anhöre, verliert er doch nicht die Macht über mich. Im Gegenteil.«

»Kommt darauf an, wie reflektiert du bist«, sage ich. »Ein anderes Beispiel: Wenn du mich mal wieder absichtlich falsch verstehst und mich nicht ernst nimmst, so wie jetzt, dann könnte ich mich von meinen Emotionen überwältigen lassen und dich anschreien oder dir eine reinhauen –«

»Untersteh dich!«, ruft die Angst.

»Oder«, sage ich, »ich beobachte stattdessen, was das in mir auslöst. Ich kann quasi dabei zuschauen, wie aus einem Gedanken eine bestimmte Emotion entsteht, in diesem Fall Wut, aber sie überwältigt mich nicht. Sie ist einfach da.«

»Aha«, sagt die Angst. »Sie ist also einfach da.«

»Genau.«

»So wie Erdoğan.«

»Ja-ha.«

»Na, herzlichen Glückwunsch«, sagt die Angst. »Dann kann ja nichts mehr schiefgehen.«

33

Sabine beugt sich interessiert in meine Richtung und wirft dabei fast ihren Gin Tonic um.

»Und um was geht es in dem Text, an dem du gerade arbeitest?«, ruft sie.

In der Bar ist es laut, in mir drin wird es kurz ganz still. Es ist eine Sache, über die Angst zu schreiben, aber eine völlig andere, über sie zu reden. Und dann auch noch in der Öffentlichkeit. Vor allem, da es nicht bei der einen Frage bleiben wird. Es folgen weitere, bis die Angst schließlich den Abend erobert hat. Bei den anderen als Thema, bei mir als Gefühl. Denn das Sprechen über die Angst führt zwangsläufig dazu, dass sie plötzlich auftaucht. Ich will sie aber auf keinen Fall herbeireden. Also, was tun? Die Auskunft einfach verweigern? Ich probe den Satz: Ich spreche grundsätzlich nicht über laufende Projekte. Albern. Was soll's, denke ich, besser, ich gewöhne mich schon mal dran.

»Ich schreibe eine Geschichte über Angst«, sage ich und wische meine Hände so unauffällig wie möglich an meiner Hose trocken, wobei sich Abermillionen kleiner schwarzer Fussel lösen, die an meinen Handinnenflächen kleben bleiben. Aus den Augenwinkeln erkenne ich, dass sich die Angst den einzigen freien Hocker an der Bar gekrallt hat und ein Bier kippt. Da, sie zwinkert mir sogar zu! Igitt. Ich schaue wieder zu Sabine.

»Ah, so gesellschaftlich? Flüchtlinge, Terror, Pegida?«

»Nein, es geht um Angststörungen. Also, um meine Angststörung.«

»Ach, das hast du? Wusste ich gar nicht.«

Klack. Ich höre, wie die Schublade in Sabines Kopf mit der Aufschrift *Psycho* einrastet. Eng da drin. Mag sein, dass ich mir das nur einbilde, aber ich habe das Gefühl, dass sie mich auf einmal anders anschaut. Prüfend. Neugierig. Interessiert.

Die Angst ihrerseits starrt mich an und knallt ihr leeres Glas auf den Tresen. Kann die nicht ausnahmsweise mal jemand anderen stalken? Sie schüttelt den Kopf. Wie immer scheint sie zu wissen, was ich denke. In Großbuchstaben schickt sie mir eine telepathische Botschaft quer durch den Raum: HOCHVERRAT! Okay, das hatte ich erwartet. Schließlich haben wir einen Pakt: Das, was zwischen uns ist, bleibt zwischen uns. Wenn ich hinter ihrem Rücken mit anderen über sie rede, breche ich ihn. Und nicht nur das: Ich werde sie sogar bald in der Titelgeschichte einer großen Tageszeitung an den Pranger stellen. Lästermaul, formt sie mit ihrem Mund, und während Sabine irgendwas erzählt, landet ein zusammengeknüllter Zettel auf meinem Tisch. Ich entfalte ihn und lese: *Na warte, du Miststück. Jetzt erst recht.*

»Wie äußert sich denn deine Angst?«, höre ich Sabine fragen. Ich überlege kurz, ob ich ihr erzählen soll, dass die Angst meistens sehr eloquent mit mir diskutiert und uns momentan eifersüchtig beobachtet, lasse es aber sein.

»Durch Panikattacken«, sage ich. »In der U-Bahn zum Beispiel. Oder beim Arzt.«

Das ist natürlich nur die halbe Wahrheit, aber so ist es jedes Mal, wenn ich versuche, die Angst zu erklären. Sie eignet sich einfach nicht für Smalltalk, dafür ist sie viel zu komplex. Und vieles verstehe ich ja selbst nicht.

»Der Cousin meiner Kollegin hat auch eine Angststörung«, sagt Sabine. »Ist auf irgendwelchen Drogen hängen geblieben.«

Fehlt nur noch, dass sie fragt, ob ich ihn zufällig kenne. Wie in dieser Satire, in der sich ein Heteropaar wahnsinnig darüber freut, endlich mit einem schwulen Paar befreundet zu sein, und die beiden fragt, ob sie denn auch diese anderen Schwulen kennen würden, aus einer Stadt, die sehr weit weg ist. Aber vielleicht bin ich auch zu streng, und Sabine ist ehrlich interessiert.

»Es sind tatsächlich mehr Leute betroffen, als man so denkt«, sage ich deshalb. Und denke: Augen zu und durch. Du machst das hier nicht für dich, sondern für alle anderen, denen es genauso geht wie dir. Trotzdem merkwürdig, dass ich automatisch zur Botschafterin für Angststörungen werde, nur weil ich ausspreche, dass ich betroffen bin.

»Allein in Deutschland hat jeder Sechste im Laufe seines Lebens einmal eine Angststörung, das kommt gleich nach Depressionen und Alkoholismus.«

»Wow, das wusste ich nicht«, sagt Sabine.

»Ich lange auch nicht«, sage ich. »Liegt aber vielleicht unter anderem daran, dass man bei dem Wort ›Angststörung‹ jemanden vor Augen hat, der wahnsinnig schüchtern, verhuscht und schreckhaft ist. So einen richtigen Schisser halt.«

An Sabines schuldbewusstem Lachen erkenne ich, dass ich ins Schwarze getroffen habe. Möglicherweise hat sie mich vorhin gar nicht in eine Schublade gesteckt, sondern nur versucht, beide Bilder irgendwie zusammenzubringen: das von der fröhlichen, unerschrockenen Kollegin, die sie schon lange kennt, und das von der Psychotante mit dem Knacks.

»Stimmt«, sagt sie. »Angst passt eigentlich gar nicht zu dir.«

Die Angst tippt sich im Hintergrund entrüstet mit dem Zeigefinger an die Schläfe. Ich hebe entschuldigend die Schultern und schaue wieder zu Sabine.

»Ja«, sage ich, »aber es gibt schließlich auch niemanden, zu dem eine Depression passt. Oder eine Essstörung. Sucht man sich halt alles nicht aus.«

Sabine nickt.

»Du schreibst aber nicht unter deinem echten Namen, oder?«

»Doch«, sage ich. »Wenn schon, denn schon. Anonyme Erfahrungsberichte gibt es schon genug, guck mal ins Internet oder lies die *Brigitte*. Alle outen sich, aber dann irgendwie doch nicht. Und ich kann es sogar verstehen. Die wollen eben nicht, dass der Arbeitgeber das mitbekommt und denkt, sie seien verrückt.«

»Aber du schon?«, fragt Sabine und lacht.

»Ich kann mir ehrlich gesagt nicht vorstellen, dass das für mich irgendwelche negativen Auswirkungen hat. Die Angst hindert mich schließlich nicht am Schreiben. Bei vielen Betroffenen ist das anders, je nachdem, welchen Job sie haben. Und damit die irgendwann auch offen damit umgehen können, müssen vielleicht diejenigen den ersten Schritt machen, die nichts zu befürchten haben.«

»Ganz schön mutig von dir, das öffentlich zu machen«, sagt Sabine.

»Nicht mutig«, sage ich. »Nötig. Aber vor ein paar Jahren wäre so ein Outing für mich tatsächlich noch undenkbar gewesen.«

»Was ist seither passiert?«

Ich überlege.

»Vermutlich musste ich erst mal selbst damit klarkommen. Jetzt sind die anderen an der Reihe.«

Wir prosten uns zu. Als ich zur Theke schaue, ist der Hocker leer.

34

Zwei Wochen nachdem das Beziehungsdrama zwischen der Angst und mir in der Zeitung erschienen ist, demütigt sie mich öffentlich. Wir sind auf der gleichen Geburtstagsparty, mit dem Unterschied, dass ich eingeladen bin und sie nicht. Also alles wie immer.

Am Anfang ahne ich nichts von ihrer Anwesenheit. Da sind nur Freunde, Sekt auf Eis und das Fehlen von Musik, weil der DJ nicht gekommen ist, aber augustiger wird es nicht mehr, also hurra! Wir stoßen an, stehen, reden. Eine Freundin erzählt davon, wie sie ein paar Wochen zuvor die Treppe hinuntergestürzt ist, und zeigt ihre Narbe am Handgelenk: ein komplizierter Bruch, mit Schrauben und Metallplatten und Operation. Die Umstände des Unfalls sind kurios genug für eine gute Geschichte, ich stimme in das Gelächter ein, aber kann meinen Blick nicht abwenden von ihrem dünnen Arm, den sie mit der anderen Hand umfasst und vorsichtig präsentiert, wie ein verletztes Vögelchen.

Und plötzlich steht die Angst hinter mir. Ich muss mich nicht mal umdrehen.

Mir wird schwindelig, ich setze mich, mir wird schwindeliger, ich stehe wieder auf und laufe weg, ins Dunkel, dahin, wo niemand ist, rutsche eine Wand hinunter auf den Boden, sehe von Weitem ein besorgtes Gesicht, und dann bin ich weg.

Als ich wieder aufwache, ist alles sehr, sehr laut. In meinen Ohren rauscht ein Wasserfall, irgendjemand klatscht mir auf die Wangen und ruft meinen Namen, aber immer wenn ich versuche, zu erkennen, wer es ist, fange ich an zu schielen, und das Bild rutscht weg. Ich will nicht geohrfeigt werden. Ich will wieder zurück ins Nichts. Der Asphalt unter meinen schweißnassen Beinen ist kalt.

Im Taxi sitzt mein Freund neben mir und hält meine Hand. Die Angst sitzt auf meinem Schoß und hält sich den Bauch vor Lachen.

»Wann bist du eigentlich das letzte Mal in Ohnmacht gefallen?«, fragt sie.

»Vor vier, fünf Jahren«, flüstere ich.

»Und du dachtest wirklich, es würde nie wieder passieren«, sagt die Angst und schüttelt den Kopf. »Anfängerfehler.«

Mir ist schlecht.

Zu Hause versuche ich, Erklärungen zu finden für das, was da gerade passiert ist. Erklärungen, die nichts mit der Angst zu tun haben.

Ja, wir waren tagsüber am See gewesen. Aber fast ausschließlich im Schatten. Ja, ich hatte wenig gegessen. Aber kurz vor der Party immerhin noch ein Käsebrötchen. Ja, ich hatte nachmittags vier Stunden geschlafen. Aber danach war ich wieder fit. Ja, ich hatte getrunken. Aber nur diesen einen Sekt auf Eis.

Kann es wirklich sein, dass ein gebrochener Arm, der nicht einmal mir gehört, mich bewusstlos werden lässt? Und falls das so ist: Wo bin ich dann überhaupt noch sicher?

Nirgends, stelle ich in den nächsten Tagen fest. Wenn ich jederzeit umfallen könnte, dann auch beim Mittagessen mit Kollegen, in der U-Bahn, an der Supermarktkasse. Zumal mir die Angst nicht mehr von der Seite weicht. Also versuche ich, in Bewegung zu bleiben, ihr immer einen Schritt voraus zu sein. Bleibe ich stehen, bin ich ihr ausgeliefert. Dann fasst sie mich an, obwohl ich keine Lust dazu habe. Erzählt mir Sachen, von denen ich nichts hören will. Setzt sich zwischen mich und die Freundin, mit der ich mich gerade unterhalte. Und ich kann nichts dagegen tun, weil die Angst mich erpresst.

»Du weißt ja jetzt wieder«, sagt sie und streichelt mich mit ihren kalten Fingern, »wie schrecklich es sich anfühlt, ohnmächtig zu werden. Das willst du nie wieder erleben, oder?«

Nein, will ich nicht. Lieber würde ich sterben.

»Och bitte«, sagt die Angst, »sei doch nicht immer so melodramatisch. Hier stirbt niemand. Das wäre viel zu langweilig.«

Und dann klopft sie mit den Knöcheln, rattatatam, auf den Tisch, und mein Herz schlägt im gleichen Takt, rattatatam.

»Du wolltest doch Liebe«, sagt die Angst. »Da hast du sie.«

35

»Du«, flüstert die Angst, »ich muss dich was fragen.«

Wir sitzen mit gekreuzten Beinen auf dem Boden und halten uns das linke Nasenloch zu, während wir durch das rechte einatmen. Die Angst kommt sonst nie mit zum Yoga, aber der Tantric-Hatha-Yoga-Kurs hat es ihr angetan. Vor allem die Pranayamas, Atemübungen. Sie steht drauf, komplett auszuatmen, sich nach vorn zu beugen und so lange in Bahya Kumbhaka zu verharren, bis sie fast erstickt. Ich nicht. Aber im Gegensatz zu mir spielt die Angst eben gern mit dem Risiko. Wobei, Risiko. Natürlich weiß ich, dass sich meine Lungen rechtzeitig von allein mit Sauerstoff füllen. Also, theoretisch. Praktisch bin ich mir da nicht so sicher. Warum sonst würde mein Herz in dieser Position jedes Mal wie wild anfangen zu klopfen?

»Nicht jetzt«, zische ich, als wir einen Nasenlochwechsel vornehmen und bis acht zählen. »Ich muss mich konzentrieren.«

»Es ist aber wichtig!«, sagt die Angst. »Hast du gehört, was der Lehrer vorhin gesagt hat?«

»Was meinst du?«

»Er hat gesagt«, empört sich die Angst, »dass ich das Gegenteil von Liebe bin! Das ist ja wohl eine Unverschämtheit!«

»Können wir bitte später darüber sprechen?«, frage ich.

Die Angst schnaubt.

»Später, später. Du sagst doch immer, dass wir im Jetzt leben sollen.«

»Ja, und jetzt mache ich Yoga.«

Wir wechseln in die Stellung des nach unten schauenden Hundes.

»Ich bin nicht damit einverstanden«, keucht die Angst, »dass hier Minderheiten diskriminiert werden. Ein Yogastudio ist schließlich ein geschützter Raum.«

»Du zahlst noch nicht mal was für den Kurs«, sage ich. »Also hör auf, dich zu beschweren.«

Wir verrichten schweigend eine Reihe von Asanas, nur unterbrochen von dem Schnaufen der anderen Teilnehmerinnen.

»Ich hatte immer gedacht, das Gegenteil von mir wäre Mut«, sagt die Angst. Sie sieht traurig aus.

Während wir im Krieger verharren, denke ich über ihre Worte nach.

»Es ist wohl eher so, dass du die Voraussetzung für Mut bist«, sage ich. »Wenn es dich nicht gäbe, könnte auch niemand mutig sein.«

Das Gesicht der Angst hellt sich auf.

Als wir nach unseren Decken greifen, um in die letzte Stellung, Shavasana, überzugehen, sagt die Angst: »Über die Sache mit der Liebe reden wir aber noch mal.«

»Jetzt ist mir auch klar, warum du in den letzten Jahren immer ernster geworden bist.«

Die Kollegin, die ich an der Kaffeemaschine treffe, hat sich gerade für meinen offenen Umgang mit der Angst bedankt. Nun spielt sie darauf an, dass man mit einer Angststörung nicht viel zu lachen hat. Aber sie liegt falsch. Ich bin nicht ernster geworden, ich bin echter geworden.

Was zwangsläufig zu der Frage führt, ob ich mich in all den Jahren zuvor verstellt und mein Umfeld absichtlich getäuscht habe. Die Antwort ist: Ja – und Nein. Einerseits gefiel ich mir durchaus in der Rolle des heiteren Mädchens und schließlich der heiteren Frau. Nicht umsonst umgeben sich die meisten Menschen lieber mit einem fröhlichen Optimisten als mit jemandem, der sie runterzieht. Außerdem macht Lachen die schöneren Falten. Andererseits war ich mir lange überhaupt nicht bewusst, dass ich eine Rolle spiele. Wie eine Schauspielerin, die sich so sehr mit ihrer Figur identifiziert, dass sie Gestik, Sprache und Eigenheiten übernimmt und auch nach Drehschluss nicht ablegt, war ich mir sicher: Das bin ich. Das ist es, was mich ausmacht. Das Lachen, die Witze, die Unkompliziertheit. Was ja auch stimmte, denn natürlich war ich all das, bin es immer noch, aber eben nicht nur. Die dunkleren Seiten meiner Persönlichkeit, oder zumindest die, die ich dafür hielt, klammerte ich lange radikal aus.

So richtig bewusst wurde mir das allerdings erst vor sieben Jahren. Mein damaliger Chef hatte mich zu einem Feedbackgespräch bestellt, jetzt saßen wir bei Kaffee und Kuchen in der Kantine. Ich war nervös. Was, wenn ich mein erstes Jahr vermasselt hatte? Glücklicherweise stellte sich heraus, dass mein Chef meine Arbeit schätzte. Zwar gebe es noch ein paar kleinere inhaltliche Baustellen, das schon, aber im Großen und Ganzen laufe doch alles prima. Vor allem, und an dieser Stelle verharrte seine Kuchengabel reglos in der Luft, sei eines ganz besonders hervorzuheben, nämlich mein Talent fürs Zwischenmenschliche.

»Seit du hier arbeitest«, sagte er, »hat sich die Stimmung in der Redaktion wirklich positiv verändert.«

Was ich hörte, war:

»Inhaltlich bist du eine Katastrophe, aber wenigstens ist es lustig mit dir.«

Ein Jahr lang hatte ich Texte geschrieben, Autoren betreut und Themen recherchiert, und das war also das Ergebnis: Ich hatte ein besonderes Talent als Stimmungskanone. Konfetti für alle! Womöglich, dachte ich, hatte ich ja die Stellenausschreibung nicht gründlich genug gelesen, und sie suchten eigentlich einen Clown. Oder eine Sozialarbeiterin.

Was ein anderer vielleicht als Lob aufgefasst hätte, empfand ich als Affront. Gefangen in den mir eigenen komplizierten Denkstrukturen, glich ich das Gehörte mit meinen Erfahrungen ab und bewertete es so, wie ich es gewohnt war. Anstatt mich auf das Lob zu konzentrieren, hörte ich nur die Kritik, anstatt jeden Punkt einzeln zu betrachten, wog ich sie gegeneinander auf. Und was hatte wohl mehr Gewicht, inhaltliches Wissen oder Soft Skills? Eben. Zumal ich sowieso das Gefühl hatte, die erwachsene Arbeitnehmerin nur zu imitieren, und ständig fürchtete, irgendwann aufzufliegen. *Unfähige Hochstaplerin erschleicht sich Festanstellung. Lesen Sie hier die ganze Wahrheit über eine, die es zu nichts gebracht hat.*

Nachdem ich unser Gespräch ein paar Tage analysiert hatte, musste ich mir allerdings eingestehen, dass an der Aussage meines Chefs etwas dran war. Ich spürte sofort, wenn die Stimmung in der Redaktion kippte. Andere hatten Antennen, ich einen Fernsehturm, 368 Meter hoch und immer auf Empfang. Oft genug konnte ich mich kaum auf meine Texte konzentrieren, weil ich alles andere um mich herum so überdeutlich wahrnahm: die Kollegin, die am Vorabend Streit mit ihrem Freund hatte, den Kollegen, der unter dem Großraumbüro litt, die Praktikantin, die ruhiger war als sonst. Nicht, dass sie etwas gesagt hätten. Es war vielmehr, als würden ihre Gefühle ständig ungefiltert in mich eindringen, als litte ich an einer Empathieüberfunktion, die Anspannung und Erschöpfung zur Folge hatte.

In diesem ersten Jahr arbeitete ich unermüdlich, und zwar hauptsächlich daran, andere aufzuheitern, Streit zu schlichten und diplomatisch einzugreifen, wenn es mir nötig erschien. Ich war Duftkerze, Raumspray und Wunderbaum in einem und versprühte gute Laune wie Monsanto Glyphosat. Das kostete Energie. Energie, die ich so großzügig verteilte, dass am Ende keine mehr für mich selbst übrig war. Als ich an diesem Punkt meiner Erkenntnis angekommen war, spürte ich, wie sich mein Ärger gegen meine Kolleginnen und Kollegen richtete.

War es denn wirklich zu viel verlangt, sich mal ein kleines bisschen zusammenzureißen? Dann müsste ich mich nicht ständig abrackern, um die vergiftete Atmosphäre zu neutralisieren. Je länger ich darüber nachdachte, desto unhöflicher fand ich es, dass sie ihren Frust an Leuten ausließen, die gar nicht dafür verantwortlich waren. Wäre mir nicht im Traum eingefallen. Ich lachte und schluckte meine Probleme runter, wo sie dann Bauchschmerzen verursachten. Hauptsache, niemand musste darunter leiden.

So schwelgte ich also eine Weile in Selbstmitleid und suhlte mich in der Rolle der sich hingebungsvoll aufopfernden Krankenschwester, die den durstigen Vampiren Infusionen mit flüssiger Energie verabreicht. Aber das Leben ist nun mal keine schlecht produzierte Fernsehserie, und irgendwann wurde mir klar, dass ich mich der Realität stellen musste, vorausgesetzt, ich wollte mich weiterentwickeln.

Und die Realität sah folgendermaßen aus: Niemand hatte mich jemals darum gebeten, seine Probleme zu lösen.

Warum tat ich es trotzdem?

»Weil du willst, dass es anderen gut geht«, hörte ich eine Stimme in mir sagen.

Die Stimme kannte ich. Es war die der Person, die ich sein wollte. Wenn ich eins gelernt hatte in den letzten Jahren, dann, dass ich ihr nicht mal ansatzweise über den Weg trauen konnte, also fragte ich erneut, drängender. Und eine Kinderstimme antwortete:

»Weil du willst, dass um dich herum alles harmonisch ist.«

Ich wusste sofort, dass sie recht hatte.

Mein Motiv war bei näherer Betrachtung nicht

einmal ansatzweise so altruistisch, wie ich mir gerne vorgaukelte, sondern ergab sich aus einer inneren Notwendigkeit: Ich konnte keine Spannungen ertragen. Deshalb eliminierte ich sie, von morgens bis abends, zu Hause und im Büro, bei Freunden, Eltern und Kollegen, weg, weg, bloß weg damit, sodass am Ende nur noch die pure, ultimative Harmonie übrig blieb. Eine Zwangsstörung, nur dass ich keine Hände wusch, sondern das zwischenmenschliche Klima.

Jahre später beschäftigte ich mich zum ersten Mal mit einem Phänomen namens Hochsensibilität. Die US-amerikanische Psychotherapeutin Elaine Aron hatte den Begriff 1996 etabliert, als sie ihr Buch »The Highly Sensitive Person« veröffentlichte, das über eine Million Mal verkauft wurde. Sie definiert Hochsensibilität – etwas vereinfacht ausgedrückt – als angeborenes Wesensmerkmal, das zu einer feineren Wahrnehmung befähigt. Trotz zahlreicher Forschungen, Studien und Publikationen ist der Begriff bis heute nicht wissenschaftlich anerkannt. Aron verweist allerdings darauf, dass sich neben vielen anderen die Psychologen C.G. Jung und Jerome Kagan schon viel früher mit diesem

Persönlichkeitsmerkmal auseinandergesetzt haben, nur dass Jung von »Introvertiertheit« und Kagan von einem »gehemmten Temperament« sprach (wobei Introvertiertheit nicht mit Schüchternheit gleichzusetzen und kein Synonym von Hochsensibilität ist, aber das führt hier vielleicht etwas zu weit). Auch Scott Stossel, Redakteur bei *The Atlantic*, erwähnt in seinem Buch »Angst. Wie sie die Seele lähmt und wie man sich befreien kann« die Forschungen von Kagan und beschreibt im Kapitel »Die Genetik der Angst«, dass dieser in auf Jahrzehnte angelegten Langzeitstudien immer wieder feststellte, dass 10 bis 20 Prozent der Säuglinge schon mit wenigen Lebenswochen nachweislich ängstlicher sind als andere. Diese hoch reaktiven, »gehemmten« Kinder kommen laut Kagan mit einer niedrigeren Erregungsschwelle zur Welt; sie haben auch später im Leben immer eine höhere Herzfrequenz, einen schnelleren Schreckreflex und mehr Stresshormone als niedrig reaktive Gleichaltrige. Auch die Wahrscheinlichkeit, dass sie irgendwann eine Angststörung entwickeln, ist bei ihnen deutlich größer.

Wenn es nach dem Test ging, den Aron entwickelt hatte, gehörte ich definitiv dazu, zur Gruppe der Hochsensiblen. Doch was genau bedeutete das?

Das Buch, das mir als Erstes zu dem Thema in die Hände fiel – »Zart besaitet« von Georg Parlow –, löste bei mir das Gleiche aus wie offenbar bei vielen anderen Leserinnen und Lesern auch, zumindest wenn man den Kundenrezensionen im Internet glauben kann: Endlich ergibt alles einen Sinn! Die lebhaften Träume, der Hang zur Natur, das ausgeprägte Bedürfnis nach Ruhe. Als Hochsensible nahm ich offenbar mehr Informationen aus der Umgebung auf als andere, wodurch mein Gehirn schneller ermüdete, was zu Übererregung beziehungsweise Überreizung führte. Dadurch benötigte ich mehr Ruhepausen und Zeit für mich, um meine Energiespeicher wieder zu füllen. Zudem schien ich intensivere Emotionen zu haben, besonders im sozialen Bereich, und zwar sowohl positive als auch negative wie Scham, Mitgefühl oder Angst. Genauso verhielt es sich mit meiner sinnlichen Wahrnehmung – schmecken, hören, riechen, sehen, fühlen –, womit auch endlich geklärt war, warum ich mich nicht traute, eine Sektflasche zu entkorken, und an Silvester um Mitternacht am liebsten in der Wohnung blieb: zu laut. Oder mich in öffentlichen Verkehrsmitteln regelmäßig das Gefühl beschlich, dass sie eine grundfalsche und unnatürliche Erfindung sind: zu viele Menschen auf zu engem Raum zusammengepfercht. Oft genug hatte ich mich in diesen Situationen gefragt, ob ich vielleicht einfach nicht besonders weit entwickelt bin. Zurückgeblieben. Mehr Instinkt als Verstand, mehr Tier als Mensch. Interessanterweise wurde bei Tieren jedoch ein ähnlich niedriger Prozentsatz an Hochsensibilität festgestellt wie bei Menschen, also etwa 20 Prozent. Dass sich Hochsensible grundsätzlich eher auf ihr Innenleben konzentrieren als auf die Welt draußen, erklärte außerdem womöglich, warum ich mich überhaupt mit Themen wie diesem auseinandersetzte.

Und vor allem: Nicht ich war schuld an meinem Empathieüberfluss, an meinem schlechten Umgang mit Stress, an meiner Konfliktunfähigkeit, sondern meine Gene, mein angeborenes Temperament, ein hoch aktives vegetatives Nervensystem und eine Schnellschuss-Amygdala. Das hieß alles noch lange nicht, dass mir das auch gefiel, aber es war immerhin eine Erklärung dafür, warum ich so war, wie ich war. Normal, wenigstens innerhalb dieser Spezies.

Parlow stellt in seinem Buch außerdem die These auf, dass hochempfindlichen Menschen oft fälschlicherweise eine Angststörung attestiert wird: »Die wahrscheinlich allgemeingültigste Gemeinsamkeit hochempfindlicher Menschen ist ihre Tendenz zur Überstimulation, mit allen körperlichen und psychologischen Symptomen. Vereinfacht könnten wir sagen, dass es sich dabei um das Auftreten von Erregungszuständen handelt, besonders in für uns neuen und ungewohnten Situationen. (…) Das führt immer wieder dazu, dass hochempfindliche Menschen medikamentös oder psychotherapeutisch auf ›Angstzustände‹ oder ›Panikattacken‹ behandelt werden.« Die Panik, so Parlow weiter, komme, wenn überhaupt, erst im zweiten Schritt: »Oft handelt es sich bei diesen Erregungszuständen schlichtweg um körperliche, emotionale und gedankliche Auswirkungen der Überstimulation – das Unbehagen ist eine Reaktion darauf. Zuerst kam die Überstimulation, die in ihren körperlichen Symptomen denen der Angst sehr gleichen kann. Und als zur Überstimulation sekundäre Reaktion kann es zu Angst und Panik kommen oder auch nicht.« Überstimulation, beschreibt Parlow, entstehe entweder durch zu viele Reize auf einmal, durch zu intensive Reize, durch an sich harmlose Reize über einen zu langen Zeitraum hinweg oder durch eine Kombination davon.

Hatte ich also womöglich gar keine Angststörung? War mir leichtfertig eine Diagnose übergestülpt worden, obwohl ich nur anders veranlagt war als die meisten Menschen? Oder war meine Hochsensibilität tatsächlich die Disposition, die eine Angststörung begünstigt? Andererseits war das vielleicht gar nicht wichtig. Die Angst war schließlich da, und sie interessierte sich herzlich wenig dafür, wo sie herkam. Ich hingegen interessierte mich sehr dafür, wie ich sie wieder loswurde.

Dann las ich in Elaine Arons Buch »Hochsensible Menschen in der Psychotherapie« einen Satz, der mir Hoffnung machte: »Beispielsweise können Hochsensible, die unter Panikanfällen leiden, relativ leicht eine Besserung erzielen, sobald sie die Rolle der Überstimulation bei ihren Symptomen verstanden haben, während sich Panikattacken bei Nichtsensiblen weniger leicht auf diese Weise lösen lassen.«

Damit konnte ich arbeiten. Bisher hatte ich immer gedacht, ich müsste mir eine dickere Haut wachsen lassen, und war gleichzeitig ratlos, wie ich das bewerkstelligen sollte. Schließlich gab es keine Anleitung dafür, wie man aus einem Sieb eine Schildkröte macht. Die Löcher stopfen? Auch dann wäre ein Sieb noch weit davon entfernt, mit ledriger Haut durch die Sonne zu spazieren. Nein, es brachte nichts, mich mit aller Kraft verändern zu wollen. Meine Haut würde dünn bleiben. Das Einzige, was ich tun konnte, war, sie zu schützen.

37

Bei einem Freiluftkonzert sitze ich als Einzige auf einem Stuhl, der aussieht wie eine Kloschüssel. Deshalb trage ich auch keine Hose, was aber keinen wundert, da sind sich Berlin und meine Träume gar nicht so unähnlich. Das Konzert ist schön, ich bin endlich mal so richtig entspannt, ich habe keine Angst vor irgendwas, ich lasse locker. Und dann entfährt mir ein Furz. Kein süßer, kleiner Mädchenpups, sondern eine knatternde, schmetternde Trompetenfanfare, die besonders gut zur Geltung kommt, weil die Musik – logisch! – aufgehört hat. Erst als sich alle Köpfe in meine Richtung drehen, wird mir bewusst, was gerade passiert ist. Ich blicke in lachende und fassungslose Gesichter, einige rufen: »Igitt!« Scham überkommt mich flutartig, direkt gefolgt von einem Gefühl, das ich in diesem Zusammenhang nicht erwartet hätte: Erleichterung. Ich habe die Kontrolle verloren, aber im Gegenzug die Freiheit erlangt, mich zu verhalten wie, na ja: ein Arsch.

Der Mittelweg zwischen dem therapeutischen Ansatz und dem der Hochsensibilität ist schmal, und zunächst erschien er mir wie ein unlösbares Dilemma: Auf der einen Seite wird nachdrücklich davor gewarnt, angstauslösende Situationen zu vermeiden, auf der anderen Seite dazu geraten, überreizende Situationen zu minimieren. Wie sollte ich mich da bloß hindurchschlängeln?

Nach und nach verstand ich jedoch, dass ich meine Kräfte einfach nur besser einteilen musste. Das Stichwort hieß Mäßigung, ein so langweiliges wie schrecklich erwachsenes Wort. Schlimmer war nur Work-Life-Balance, aber das traf es auch nicht ganz, da mich vor allem das *Life* anstrengte, nicht die Arbeit. Es machte nicht mal einen Unterschied, wie nett ein Treffen mit Freundinnen zu werden versprach – wenn ich jeden Tag verabredet war, wurde selbst die schönste Verabredung zur lästigen sozialen Verpflichtung.

Also stellte ich eine Regel auf: In Zukunft würden mindestens zwei Abende pro Woche nur für mich reserviert sein. Zwei Abende, an denen ich hemmungslos ich selbst sein konnte, egal ob ich Serien guckte, telefonierte oder Geschirr spülte. Und es funktionierte. Zwar hatte ich immer schon gerne Zeit allein verbracht, mir war aber nicht klar gewesen, dass ich diese Zeit auch dringend brauchte. Aber irgendwann musste mein Körper ja das Adrenalin abbauen, das sich durch U-Bahn-Fahrten, Kinobesuche und Panikattacken angestaut hatte.

Wenn ich meine kleinen schwarzen Taschenkalender der letzten zehn Jahre nebeneinanderlege, sehen auf den ersten Blick alle gleich aus. Schlage ich sie auf, offenbart sich der Prozess einer Wandlung. Während sich in den älteren Exemplaren Dutzende Eintragungen drängen, dicht an dicht und in mikroskopisch kleiner Schrift, dominiert mittlerweile unberührtes liniertes Papier. Manchmal passiert sogar seitenlang gar nichts.

Schön, oder?

Ich hab im Fernsehen über die Angst geredet.
Fand sie nicht so gut. Rief an, drohte:
»Komm du mir nach Hause!« Kam ich heim, war
sie weg. Zigaretten holen, schätze ich.

»Hör mal«, sagt Henry, ein paar Wochen nachdem die Angst mir die Party versaut hat, »vielleicht gehst du mal zum Arzt?«

»Warum?«, frage ich. »Geht doch wieder.« Abgesehen von der Angst natürlich, aber die kann der Arzt auch nicht wegzaubern.

»Ich finde, du solltest dich mal durchchecken lassen. Großes Blutbild, EKG, Schilddrüse. Nur um auszuschließen, dass es was Körperliches ist.«

»Ja, vielleicht. Ist ein EKG schlimm?«

»Du hattest noch nie eins?!« Henry ist fassungslos.

»Nö. Ein Blutbild auch nicht.«

Henry guckt mich an, als hätte er mich noch nie zuvor gesehen.

»Was denn?«, frage ich. »Gab nie einen Anlass.«

»Ähm, hallo: Du fällst regelmäßig in Ohnmacht, seit du klein bist. Das ist ja wohl Anlass genug!«

Henry war bestimmt schon zehnmal beim Arzt, um sein Herz testen zu lassen. Und seine Blutwerte. Jedes Mal war er überzeugt, an einer unheilbaren Krankheit zu leiden. Jedes Mal bekam er Topergebnisse. War immer nur die Angst. So wie bei mir, vermute ich. Aber gut, warum nicht.

Zwei Wochen später schließe ich mein Rad vor der Praxis ab, die mir Henry empfohlen hat. Die Angst hüpft vom Gepäckträger und hakt sich bei mir unter.

»Dann wolln wa mal«, sagt sie und drückt auf die Klingel. Mit einem Summen öffnet sich die Milchglastür, und ich habe direkt die Nase voll. Typischer Arztpraxengeruch, nach – ja, was eigentlich? Desinfektionsmittel? Scharfes Metall? Spritzen? Klar haben Spritzen einen eigenen Geruch. Sonst würde ich sie nicht auf fünfzig Meter Entfernung riechen.

Während ich meine Jacke an die Garderobe hänge, hängt die Angst über der Rezeption.

»Hallo, wir haben einen Termin bei Dr. Rondani.« Sie wedelt mit meiner Versichertenkarte.

»Bitte nehmen Sie einen Augenblick Platz und füllen den Anamnesebogen aus«, sagt die Sprechstundenhilfe und drückt ihr drei DIN-A4-Blätter in die Hand. Die Angst lässt sich einen Kaffee aus der Maschine, nickt gönnerhaft in die Runde und steuert zielgerichtet auf den einzigen bequem aussehenden Stuhl im Wartezimmer zu. Sie lässt sich fallen, atmet tief aus und beginnt, eifrig auf den Zetteln herumzukritzeln.

Ich unterdrücke den Impuls, aus der Praxis zu rennen. Die Luft hier drin ist so dick, dass man sie schneiden und in einer Notunterkunft als Essen verteilen könnte. Was ist bloß los mit den Menschen? Brauchen die keinen Sauerstoff? Ich flüchte auf die Toilette, wo ich mir kaltes Wasser über die Handgelenke laufen lasse und versuche, ruhig zu atmen. Ein. Aus. Ein. Aus. Gedämpfte Geräusche dringen in den kleinen, engen Raum, irgendwann klopft es an der Tür. Herein! Ach nee, ist nur mein Herz.

Zurück im Wartezimmer, rutsche ich an der Wand nach unten, in die »So-nah-am-Boden-wie-möglich-aber-mit-Lehne-Position«. Die Sonabowimamil-Position, wie ich sie liebevoll nenne, ist perfekt, wenn mein Kreislauf mal wieder eine Kurvendiskussion mit mir anfängt, anstatt seine Geometrie-Hausaufgaben zu machen. Funktioniert auch super in der U-Bahn und überall sonst, wo man sich anlehnen kann.

Es hat ein paar Jahre gedauert, um diese ausgefeilte Strategie zu entwickeln. Anfangs dachte ich in der U-Bahn nämlich, ich müsste unbedingt sitzen. Aus einem einfachen Grund: Wenn man steht und umkippt, fällt man tiefer. Der selbst auferlegte Sitzzwang führte regelmäßig dazu, dass ich in überfüllte Waggons gar nicht erst einstieg. Irgendwann änderte sich das. Ich merkte, dass ich mich besser fühle, wenn ich stehe. Stehen bedeutet Freiheit. Jederzeit rum- oder weglaufen können, aussteigen, die Nervosität in die Füße leiten, Knöchel kreisen lassen, auf die Zehenspitzen stellen, die Position minimal verändern – und wenn das alles nicht hilft, hinhocken und anlehnen. Der Boden als sichere Basis.

Einziger Nachteil: Irgendwann schlafen die Beine ein. Und manchmal gucken die anderen komisch, wie jetzt die Leute im Wartezimmer. Warum setzt sie sich nicht auf einen der freien Stühle, so wie jeder normale Mensch?, sagen ihre Blicke. Weil ich nicht normal bin, so einfach ist das.

Irgendwann öffnet sich die Tür neben mir, und ein Arzt lässt seinen Blick durch den Raum schweifen.

»Frau Seyboldt?«

»Hier.«

Dr. Rondani folgt mit den Augen meiner Stimme und versucht, sich seine Irritation nicht anmerken zu lassen. Ich bemerke sie trotzdem und stehe schnell auf.

»Kommen Sie rein«, sagt er.

»Danke, gern«, sagt die Angst und quetscht sich vor uns ins Behandlungszimmer.

Vielleicht kann Dr. Rondani Gedanken lesen, vielleicht hat er auch einfach Bock auf Sauerstoff, jedenfalls öffnet er erst mal das Fenster. Ich atme tief ein und sinke auf den Stuhl vor seinem Schreibtisch.

»Was führt Sie zu mir?«, fragt Dr. Rondani und blättert in dem Anamnesebogen.

Ich schildere meine Ohnmachtsanfälle, erzähle von der Angst. Meine Ohren sausen, mein Gesicht glüht. Dr. Rondani guckt mich prüfend an und fragt:

»Die haben Sie gerade auch, oder? Wollen Sie sich hinlegen?«

Er deutet auf die Liege.

»Zumindest würde ich mich gerne auf die Liege setzen«, sage ich. »Nur für den Fall.«

Dr. Rondani nickt unbeeindruckt und beginnt, den Computer mit den Daten aus meinem Anamnesebogen zu füttern. Er fragt nach Krankheiten, Gewohnheiten, Medikamenten.

»Geht besser, ne?«, sagt er zwischendurch.

Die Angst lümmelt auf ihrem Sessel und schmollt. Ich baumle mit den Beinen, um mich zu spüren. Als könnte ich das dumpfe Gefühl in meinem Kopf einfach rausstrampeln.

Mit einem finalen Klick beendet Dr. Rondani schließlich die Befragung und dreht sich in meine Richtung.

»Und?«, frage ich. »Könnte es was Organisches sein? Vielleicht die Schilddrüse?«

»Glaube ich nicht. Aber wir checken trotzdem mal alles durch.«

Als ich von der Liege aufstehe, bleibt die Papierauflage an meinen Händen kleben. Ich hinterlasse zwei nasse Abdrücke an der Stelle, an der ich mich abgestützt habe. Es sieht aus, als säße dort ein Geist.

Die Arzthelferin zwei Zimmer weiter ist patent, das EKG unspektakulär, mein Blutdruck wie aus dem Lehrbuch. Beim Blutabnehmen reden wir über Beziehungskrisen und Organisatorisches. Mittlerweile liege ich, vorsichtshalber.

»Hauptsache, Sie atmen immer schön weiter«, sagt die Arzthelferin.

Ich frage mich, ob es Leute gibt, die einfach aufhören zu atmen. Hicks, tot. Und ob Luftholen an sich schon eine Leistung ist. Darin bin ich nämlich wirklich gut.

Eine Woche später sind die Ergebnisse da.

»Sie sind kerngesund«, sagt Dr. Rondani. Er rollt auf seinem Stuhl vom Tisch weg, steht auf und legt sich ein Stethoskop um. »Dann machen wir noch eben schnell die Untersuchung.«

Wie, was? Kerngesund?

Wie, was? Untersuchung?

Bevor ich protestieren kann, stehe ich schon mit geschlossenen Augen da und führe meinen rechten Zeigefinger zu meiner Nasenspitze. Der Mann ist gut! Er behandelt schneller, als die Angst hinterherkommt. Wie Lucky Luke, der schneller schießt als sein Schatten. Insgeheim beschließe ich, ihn ab jetzt Dr. Luke zu nennen.

Als die Angst schließlich hechelnd neben ihm steht – aus irgendeinem Grund trägt sie eine Stirnlampe – und mir schwummerig wird, haben wir die halbe Untersuchung schon hinter uns. Fließender Übergang in die Horizontale, Dr. Luke steht neben der Behandlungsliege und klopft mit einem kleinen Hammer auf meine Knöchel.

»Augen zu, rechte Fußspitze an das linke Knie«, sagt er. Ich komme kaum hinterher, rechts, links, wie jetzt? Nicht wegen meiner Koordination, die ist super; ich kann mittlerweile im Yoga sogar den Baum, ohne umzufallen. Aber ich bin halt immer so abgelenkt, wenn die Angst zuschaut.

Am Ende scheine ich trotzdem alles richtig gemacht zu haben. Dr. Luke hat jedenfalls nichts zu beanstanden. Er schüttelt meine nasse Hand, und bevor mir noch weitere Fragen einfallen, bin ich schon wieder draußen.

Eins steht fest: Der hält mich für komplett irre, so schlotternd, wie ich jedes Mal vor ihm sitze. Beziehungsweise liege. Aber das denken vermutlich alle Ärzte, bei denen ich jemals war. Vielleicht treffen sich mein Zahnarzt, meine Gynäkologin und Dr. Luke ja mittwochabends zum Stammtisch, um sich über ihre gemeinsame Patientin auszutauschen, die nicht nur Angst vor Spritzen hat, sondern vor allem. Und fragen sich, wie die eigentlich im normalen Leben funktionieren kann.

Tja, meine Damen und Herren, sehr gut. Sehr gut! Das hätten Sie jetzt nicht gedacht, ne?

Deshalb treffe ich meine Ärzte auch nicht gerne zufällig auf der Straße. Irgendwie habe ich immer Angst, dass sie mich auffliegen lassen könnten.

Draußen schließe ich mein Fahrrad auf und fühle mich, als hätte ich etwas verloren. Die Angst ist es jedenfalls nicht.

»Das war lustig!«, sagt sie und hüpft vergnügt auf meinen Gepäckträger.

»Wir sind so verschieden«, sage ich. »Keine Ahnung, warum wir schon so lange miteinander rumhängen.«

Als wir nach Hause radeln, denke ich an den Satz von Dr. Luke. *Sie sind kerngesund.* Der Lottogewinn unter den Diagnosen, Jackpot, Sofortrente! Henry würde jetzt wahrscheinlich eine

Party schmeißen und das Leben feiern. Ich fühle mich eher wie bei einer Beerdigung. Irgendwie bin ich sogar enttäuscht.

Nicht, dass ich mir einen Hirntumor gewünscht hatte. Oder Krebs. Oder eine unheilbare Autoimmunkrankheit. Nur irgendwas Harmloses, das schnell behoben werden kann. Vielleicht ein kleiner Eisenmangel?

Aber nichts da, ich bin kerngesund. Und jetzt ist es amtlich: Das ist alles nur in meinem Kopf.

Die Angst schließt die Tür auf und pfeffert ein Päckchen Kippen auf den Tisch.

»Moin«, sagt sie.

Ich schließe schnell das Chatfenster, in dem ich mit der Hoffnung über den Verbleib der Angst spekuliert habe, und klappe den Laptop zu.

»Warst du in Hamburg?«

»Jepp. Aber ehrlich, drei Wochen reicht. Noch einen Tag länger, und ich wäre gestorben.«

Die Angst lässt sich theatralisch auf einen Stuhl fallen und greift nach der neuesten *Couch*.

»Was ging hier so ab?«

»Nicht viel. Gearbeitet, Freunde getroffen, Serien geguckt.«

»Meine Güte, du müsstest dich mal reden hören«, ruft die Angst, macht eine Kunstpause und schiebt hinterher: »Digga!«

»Selber.«

Sie blättert desinteressiert durch die Zeitschrift.

»Was ist das hier überhaupt? So wohnen Maxi und Klaus, Do-it-yourself-Scheiße, Wohlfühlgeträllere – warum liest du so was?«

»Weil mich das beruhigt. Ich hab's halt gern schön.«

»Na, gut, dass ich wieder da bin. Das ist ja kein Leben.«

»Na ja …«, hebe ich an.

»Schluss!«, ruft die Angst. »Wir fahren jetzt nach Neukölln. Mit der U-Bahn.« Sie wirft einen Blick auf die Küchenuhr und jubelt: »Rushhour! Die beste Zeit des Tages!«

»Och nö«, sage ich. »Ich bleib lieber hier.«

»Geht nicht«, sagt die Angst. »Du bist in einer halben Stunde verabredet.«

Ich schlüpfe widerwillig in meinen Mantel.

»Bei Gelegenheit musst du mir mal erklären, warum du immer wieder zu mir zurückkommst.«

»Ganz einfach«, sagt die Angst und macht eine ausladende Handbewegung, während sie sich einmal um sich selbst dreht. »Weil es bei dir so schön ist. Du bist eben meine Komfortzone.«

Vor allem eine Sache hat sich verändert, seit ich meine Angststörung öffentlich gemacht habe. Ich verschwende meine Energie nicht mehr damit, die Angst zu verstecken. Nachdem ich jahrelang sorgfältig darauf bedacht war, bloß nicht aufzufliegen, habe ich dieses Problem mit dem Outing quasi selbst aus der Welt geschafft. Erst als sich der Fokus, der immer nur auf die anderen gerichtet war, auf mich verschoben hatte, konnte ich erkennen, wie schlecht es mir die ganze Zeit ging.

Daraus resultiert die zweite Veränderung: Es ist mir nicht mehr so wichtig, was die anderen von mir denken, aber umso wichtiger, wie ich mich fühle. Früher habe ich mich ständig zusammengerissen, Hauptsache, die anderen merken nichts, reden nicht schlecht über mich, lästern nicht hinter meinem Rücken. Ich habe meine Muskeln angespannt, mich bretthart gemacht, damit die Angst in mir drin bleibt. Ich habe in meine Handinnenfläche gekniffen, bis es wehtat, damit ich etwas spürte, das nicht die Angst ist, oder nicht nur. Das Leben um mich herum ging weiter, und physisch war ich zwar da, aber eigentlich war ich ganz weit weg.

Für mein Umfeld war es früher vermutlich einfacher. Da war ich pflegeleicht und unkompliziert, habe alles mitgemacht und still gelitten, habe mich verstellt und durchgepeitscht durch Kinoabende, Lesungen und U-Bahn-Fahrten. Ich habe alle um mich herum getäuscht und meine Probleme auf meinem eigenen Rücken ausgetragen. Das mache ich nicht mehr. Jetzt sage ich, wenn es mir zu viel wird: Stopp. Und: Können wir uns bei dir zu Hause treffen? Ich fühle mich heute nicht so wohl. Oder: Können wir bitte über andere Themen sprechen? Ich bin da empfindlich.

Manchmal wird das falsch verstanden. Eine Freundin deutet meine Ansage als Desinteresse an einem bestimmten Thema. Sie sagt den Satz, den ich mir früher ständig selbst gesagt habe: »Dann reiß dich halt mal ein bisschen zusammen.« Erst da bemerke ich, wie sehr mich das verletzt, ich fühle mich hilflos und unverstanden und wütend und dann traurig. Erst als jemand anderes so unnachgiebig mit mir ist, wie ich es selbst jahrelang mir gegenüber war, wird mir klar, wie krass das ist. Zusammenreißen, ehrlich?

Ich beiße jede Nacht die Zähne zusammen, da muss ich tagsüber auch mal locker sein dürfen. Das heißt schließlich noch lange nicht, dass ich mich deshalb unsozial oder unhöflich verhalte. Ich achte nur mehr auf meine persönlichen Grenzen. Zusammenreißen, das steckt schon im Wort selbst, ist schmerzhaft. Zusammenreißen, das heißt: die eigenen Bedürfnisse hintenanstellen und etwas tun, das man eigentlich nicht möchte.

Wenn man mal ehrlich ist, passiert das im Alltag eh schon viel zu oft. Ich reiße mich zusammen, wenn ich krank bin, aber einen Text fertig schreiben muss. Ich reiße mich zusammen, wenn in einer Runde über ein Thema diskutiert wird, das mich nicht interessiert.

Aber ich reiße mich nicht mehr zusammen, wenn es auf Kosten meiner selbst geht. Wenn ich dadurch immer mehr verschwinde.

So sichtbar zu sein bietet mehr Angriffsfläche.

Menschen empfinden mich plötzlich als harsch, brutal und selbstbezogen – weil ich früher immer nur nett war. Ja, ich bin selbstbezogen. Endlich. Ich achte auf mich, schütze mich, wehre mich. Ich habe nur ein Leben, und in dem soll es mir verdammt noch mal gut gehen. Und zwar so oft wie möglich. Das geht auch an dich, Angst. (Ja, ich weiß, dass du heimlich mitliest.)

43

Verzetteln, verschachteln, verschanzen.
Klarkommen.
Tanzen.

Die Reaktionen, die mich nach meinem Text erreichten, waren unzählbar – und allesamt großartig. Ich bekam sogar einen handgeschriebenen Brief. (Im Jahr 2016!) Da waren Kolleginnen und Kollegen, die mir schrieben: »Ich hab das auch.« Da waren Therapeuten, die den Text an ihre Patienten weitergeben wollen. Da waren Leserinnen und Leser, die mir zu meinem Mut gratulierten und schrieben: »Das ist doch meine Geschichte!«

Und dann gab es da ein paar Kollegen, die sich fragten, ob man mich nicht hätte schützen müssen. Davor, dass ich jetzt für immer die mit der Angst bin, so wie Miriam Meckel für immer die mit dem Burn-out ist. Es ist ein wichtiger und guter Reflex als Journalist, seine Protagonisten zu schützen. Es ist ein wichtiger und guter Reflex als Mensch, andere Menschen zu schützen. Ich bin froh, dass ich in einem Umfeld arbeite, in dem so etwas zählt. Ich halte den Reflex trotzdem für ein Problem.

Wen schützt man? Jemanden, der schwach ist. Vor was schützt man jemanden? Vor anderen, im Zweifel auch vor sich selbst.

Übersetzt heißt das: Wer ein psychisches Problem hat, ist schwach. Und muss deshalb vor Menschen geschützt werden, die einen für verrückt halten. Oder vor der eigenen Courage, die man vielleicht später bereut.

Genau so funktioniert unsere Gesellschaft. Und deshalb werden Angststörungen immer noch stigmatisiert.

Ich bin der festen Überzeugung, dass man nur Macht über psychische Krankheiten gewinnen kann, wenn man sie so konkret wie möglich benennt. Das Wort *verrückt* gehört nicht dazu, es ist erstens abwertend und lässt zweitens viel zu viel Raum für Spekulationen. Wenn jemand unterrum blutet, klebt man schließlich auch nicht einfach ein Pflaster drauf und wartet, bis es von alleine weggeht. Man findet erst mal raus, was der Grund dafür ist. Und Regelblutungen behandelt man anders als Hämorrhoiden. Nicht die korrekte Diagnose zu verwenden macht die Krankheit größer, als sie ist.

Aber vor allem müssen wir endlich mehr über psychische Leiden reden. Ich werfe meiner Elterngeneration nichts vor; sie hatte ihre Gründe, diese Themen auszusparen: die Angst vor gesellschaftlicher Ächtung. Die Angst, den Job zu verlieren. Das Gefühl: So etwas macht man mit sich selbst aus oder höchstens mit engen Familienmitgliedern. So wurden sie schließlich von meiner Großelterngeneration erzogen, die wiederum ihre eigenen Gründe hatte, nicht über diese Themen zu sprechen: Im Zweiten Weltkrieg wurden psychisch Kranke umgebracht. Und transgenerationale Traumata sitzen tief. Scott Stossel beschreibt in seinem großartigen Buch, was Forscher bei den Nachkommen von Traumaopfern festgestellt haben: »Bei Kindern und sogar Enkeln von Holocaust-Überlebenden lässt sich eine stärkere psychophysiologische Stress- und Angsterregung messen – etwa in Form eines erhöhten Wertes verschiedener Stresshormone – als bei Menschen ethnisch ähnlicher Gruppen, deren

Eltern und Großeltern dem Holocaust nicht ausgesetzt waren.«

Auch wenn die aktuelle politische Weltlage Grund zur Sorge gibt und Minderheiten, egal welche, immer gefährlicher leben als die vermeintlich »Normalen« – aus Angst vor den möglichen Folgen eines Outings den Schein aufrechtzuerhalten, es sei alles in bester Ordnung, reproduziert ja gerade das Dilemma, mit dem ich und viele andere zu kämpfen haben. Genau dieses Verhalten legt den Grundstein für eine Angststörung.

Ich habe die Entscheidung, ohne Pseudonym über meine Angst zu schreiben, nicht leichtfertig getroffen. Mir war relativ schnell klar, dass ich das Thema schreibend verarbeiten will, sogar muss. So funktioniert das als Journalistin, als Autorin, das ist ja auch das Wunderbare an diesem Beruf: Wenn einem etwas Schlechtes passiert, kann man immer noch eine gute Geschichte daraus machen. Ich habe viel über Angststörungen gelesen, lauter Erfahrungsberichte, alle anonym. Und dachte: Genau deshalb ist es immer noch ein Tabu. Vielleicht wissen dank der vielen Texte mehr Menschen als früher, dass es Angsterkrankungen gibt, aber betroffen sind immer die anderen. Nicht die Nachbarin, nicht der Kollege, nicht der Partner. Sondern eine anonyme Masse ohne Gesicht.

Es bringt nichts, darauf zu warten, dass die Gesellschaft so weit ist, einen als »normal« anzuerkennen. Eine Gesellschaft passt sich Tatsachen an. Tatsachen werden dadurch geschaffen, dass sich sehr viele Menschen so zeigen, wie sie sind. Und irgendwann guckt niemand mehr doof, wenn Schwule sich küssen, Frauen mit Kopftuch rumlaufen oder im Personalausweis ein drittes Geschlecht steht.

Ich höre oft das Argument, es müssten ja nicht alle alles von einem wissen, sonst macht man sich angreifbar. Kann schon sein. Aber ich habe die Erfahrung gemacht, dass einen niemand angreift, wenn man ehrlich ist. Man wird höchstens bewundert, wie offen man damit umgeht, vielleicht steht man auch eine Zeit lang stärker unter Beobachtung, aber irgendwann ist alles wie vorher. Nur, dass man nichts mehr verschweigen muss. Das Herz ist danach um einen Steinbruch leichter. Versprochen.

Ob ich in Zukunft auf meine Angststörung reduziert werde? Kann sein. Meine Freunde wissen es eh schon längst, meinem Freund habe ich es erzählt, bevor es ernst wurde. Wer damit nicht umgehen kann, passt sowieso nicht zu mir.

Ja, ich bin die mit der Angst. Aber ich bin auch die, die ihren badischen Dialekt vermutlich nie ganz loswird. Die, die was mit Mode studiert hat und der das manchmal ein bisschen peinlich ist. Die, die Hip-Hop lieber mag als Elektro. Die, die Lachanfälle bekommt, wenn sie müde ist. Oder, wie ein Kollege sagte: »Für mich bleibst du immer die mit den Locken.«

45

»Nein, bitte nicht!«, ruft die Angst und schlägt wild um sich.

Ich schrecke aus dem Schlaf.

»Alles okay?«, frage ich.

Die Angst reißt die Augen auf.

»Ich hatte einen schrecklichen Albtraum!«

»Erzähl«, sage ich.

Die Angst stopft sich ein Kissen in den Rücken und macht die Nachttischlampe an.

»Du hast alle möglichen Dinge gemacht«, sagt sie stockend. »Alltagskram. Warst Wein trinken mit Henry. Einkaufen. Im Kino.«

»Aha«, sage ich und reibe meine Augen. »Und was ist daran so gruselig?«

Die Angst schaut mich vorwurfsvoll an.

»Na, ich war nicht dabei.«

Franziska Seyboldt, geboren 1984 in
Baden-Württemberg, studierte Modejournalismus
und Medienkommunikation in Hamburg.
Seit 2008 lebt und arbeitet sie in Berlin.
Sie ist Autorin und Redakteurin bei der *taz*
und setzt sich in ihrer Kolumne »Psycho«
mit psychischen Erkrankungen auseinander.
Sie schreibt Bücher für Kinder und Erwachsene,
»Rattatatam, mein Herz« ist ihr drittes Buch.